Argraffiad Cyntaf - 1959
Ail Argraffiad - 1960
Trydydd Argraffiad - 1967
Pedwerydd Argraffiad - 1970
Pumed Argraffiad - 1972
Chweched Argraffiad - 1974
Adargraffiad - 1987

ISBN 0 86383 319 5

Cyhoeddir yr adargraffiad hwn gan Wasg Gomer gyda chaniatâd caredig
Miss Sioned O'Connor

Argraffwyd y gwreiddiol gan Hugh Evans a'i Feibion, Lerpwl

I'M
GWRAIG

Rhagair

Gan fod y ddwy gyfrol flaenorol o'm caniadau allan o brint ers chwarter canrif bellach, yr wyf yn ddyledus dros ben i'm cyhoeddwyr cymwynasgar, y Meistri Hugh Evans a'i Feibion, am fentro fel hyn ar eu tystiolaeth a'u hargyhoeddiad fod galw cyson am lawer o gynnwys y rheini o hyd yn ogystal ag am y gwaith a ysgrifennais ar ôl hynny.

Diolch yn arbennig iddynt, fel cwmni o argraffwyr cenedlaethol, crefftus a safonol, am eu mawr ofal dros ddiwyg y Gyfrol Gyflawn o'm cerddi.

Dyledus ydwyf unwaith eto i garedigrwydd parod fy nghyfaill yr Archdderwydd William Morris yn cyd-ddarllen y proflenni gyda mi ac i waith artistig fy nghyfaill Douglas Williams ar y siaced lwch.

Cedwir pob hawlfraint gan yr awdur, ac ato ef yn uniongyrchol y dylid anfon am ganiatâd i ddefnyddio unrhyw ran o gynnwys y gyfrol hon.

CYNAN.

PENMAEN,

PORTHAETHWY (Menai Bridge). Nadolig, 1959.

Ar gais fy nghyhoeddwyr ychwanegwyd at y Trydydd Argraffiad rai cerddi a ysgrifennais ar ôl 1959.

Mai, 1967. CYNAN.

CYNNWYS

vii

CERDYN NADOLIG

(mewn cyfres o ddarluniau a charolau)

CAROL YR ANGYLION

Y Llu Nefol : *(Yn canu)*
Gloria ! Gloria ! Gloria !

Nyni ydyw'r rhai a ddanfonodd Duw
I ddwyn y newyddion da i'ch clyw,
Yr Hwn sydd yn gwneuthur cenhadon byw
    O'r gwyntoedd a'r trydan a'r tân.
Nyni ydyw'r lleisiau fu'n moli ein Llyw
I'r bugeiliaid gwâr uwch eu meysydd gwyw ;
A'n neges yr un ag ym Methlem yw,
    — Gwrandewch unwaith eto'r gân.

Mihangel Archangel :
    I ganol tywyllwch anobaith dyn
    Dygasom ddisgleirdeb y nef ei hun,
    Ac fel her y " Bydded " ar wacter di-lun
        Disgleiriodd goleuni mawr.
  " Gogoniant goruchaf i'r Sanctaidd Un "
    Trwy'r oesoedd yw anthem ein lluoedd di-hun.
    Pa bryd y daw dynion i'w foli'n gytûn
        Gan fwrw'u coronau i lawr.

    Ond cedyrn o wŷr yw'ch arglwyddi drud ;
    Ar ladd y gwirioniaid y rhoesant eu bryd ;
    Mae ffrwydrad eu bomiau mewn stryd ar stryd
        A'u hesgyll yn crynu'r nen :
    Ac Arglwydd y Nef, a'u gwnaeth hwy i gyd,
    Fel baban egwan y daeth i'ch byd :
    Ni chadd ond preseb anifail yn grud
        A thusw o wair dan ei ben.

Y Llu Nefol :
    Unwaith eto ar fin ei Nadolig llon
    Cyhoeddwn Geidwad i'r ddaear gron :
    Hyd y taria tir, hyd y tery ton
        Cyhoeddwn mai'r Mab a'ch rhyddha.
    Cyhoeddwn gysur ei wialen a'i ffon,
    Cyhoeddwn dangnefedd Duw i bob bron ;
    Ac yn her ofnadwy'r efengyl hon
        Cyhoeddwn ewyllys da.

I

MIHANGEL ARCHANGEL :
>   Y Goleuni sydd yn llewyrchu yn y tywyllwch,
>   A'r tywyllwch nid yw yn ei orchfygu.

SATAN :
>   Eithr hon yw y ddamnedigaeth
>   — Ddyfod goleuni i'r byd,
>   A charu o ddynion y tywyllwch yn fwy na'r goleuni.
>
>   Felly, Mihangel, cyn it edifaru,
>   'Waeth iti roi dy ffidil yn y to.
>   Mae dyn ar fiwsig engyl wedi alaru ;
>   Un ffliwt yn unig sy'n ei ddenu o
>   — Honno sy'n moli hunan a'i drythyllwch,
>   Yn canu " Trecha treisied " ym mhob tir ;
>   Nes llawenhau o ddyn am gael tywyllwch
>   Fel llen o haearn rhyngddo ef a'r Gwir.

MIHANGEL :
>   Bydd ddistaw, Satan ! Rhoes ei Grëwr iddo
>   Reswm i dreiddio i ddirgelion byd.
>   Dysgwr yw—nid anifail—hyd ei briddo ;
>   Rhyw newydd wyrth, o'i ymchwil, a ddaw o hyd.
>   Fe ddysg ei wers o fethiant ei orffennol,
>   O rybudd Hanes, o ddoethineb Llên.
>   Na farna wrth un wib o'r gyflym wennol
>   Pa batrwm sydd ar wŷdd yr Arfaeth hen.

SATAN :
>   " Rhoes reswm iddo " ?   Ha ! Ha ! 'N awr fe'i
>   d'wedaist !
>   Rheswm i'w godi uwch anifeiliaid mud ?
>   Ymladd am fwyd mae'r rheini ; ond a gredaist
>   Mai dyna ryfel dyn yn hyn o fyd ?
>   Rhaid iddo wrth ddelfrydau ideolegol,
>   Cyn lladd a llosgi, er rhamantu ei hawl.
>   Bu ei reswm gyda ni ar gwrs colegol ;
>   Mae'i bropaganda'n glod i wersi'r diawl.
>
>   " Rhoes reswm iddo " ?   Wir, mae hyn 'na'n gomig !
>   Am y fath ddawn rhoes dyn ad-daliad glew.
>   Pwy a ddyfeisiodd wyrth y bom atomig ?
>   Ai llid y teigar llosg ?   Ai'r blaidd ?   Ai'r llew ?
>   Pwy sy'n cyd-drefnu'r miloedd i gydweithio
>   Er chwythu'r sioe'n grybibion, fôr a thir ?
>   'Rhen law, pa sail sy'i Deyrnas Nef obeithio ?
>   — Bydd uffern ar y ddaear hon cyn hir.

MIHANGEL :

Dos yn fy ôl i, Satan ! Mae dy stranciau
Yn hysbys er ys talm i deulu'r nef.
Er rhith dy fegnyl, awyrblanau, tanciau,
Fe wrendy dyn o'r diwedd ar ein llef
Oherwydd draw yn nechrau'r maith flynyddoedd
Fe blannodd Duw'n ei galon hedyn ffydd,
Y ffydd a ddichon symud y mynyddoedd
A dwyn holl garcharorion angau'n rhydd.

Trwy ffydd, er mynych gwymp, mae'n ail-gyfodi ;
Trwy ffydd mae'n gwingo 'mlaen yn hanner-dall ;
Trwy ffydd, er gwaetha'r maglau a osodi
I gau ei lwybr, ni fyn orseddu'r Fall.
Ac unwaith eto, os du yw'r nos eleni,
Calonnau syml a fyn garoli'r Ffydd,
Gan ddilyn Seren Sanctaidd Gŵyl y Geni,
Gwrando eu cân . . . Collasoch eto'r dydd !

SATAN :

Cawn weld ! . . . Ond rhof i ti'r gair olaf
Ar hyn o ddadlau heno. (Fel 'rwyf ffolaf).
Cawn weld pa groeso a gaiff dy garol hen
Gan fyd materol, modern . . . Maddau 'ngwên !
A chyn im gychwyn eto ar fy nhrafael,
Fy niolch, er holl stomp ein hen ymrafael,
Am sgwrsio â rhyw gythraul mor ddi-afael !

I.

Y Darlun Cyntaf

CAROL Y BUGEILIAID

ARWEINYDD Y CAROLWYR :

Cyneuwch y lantarn, hogia',
A chodwch beth ar y wic
Nes bod golau fel aur ar yr eira,
— A rŵan am y tenor-'na, Dic.
Cenwch eich carol o groeso i'r ŵyl,
Pob llais ar ei orau a phawb mewn hwyl.

Mae 'na ddisgwyl mawr wrthym heno
Drwy bentra bach Trefriw i gyd,
Pob ffenest' wedi'i goleuo
Ym mhob parlwr ffrynt trwy'r stryd.
A'r celyn a'r trimins a'r clychau aur tlws
Yn cyrraedd o'r silff-ben-tân i'r drws.

3

Dowch ymlaen, mae plant bach y dreflan
 Yn disgwyl am garol o'r stryd ;
Mae'u hosanau yn awr wedi'u hongian,
 Ond yn effro y maen' nhw i gyd
Nes clywed o'r gwely'r hen gân wrth y drws
Am fugeiliaid a ddaeth at ryw faban bach tlws.

Cawn droi i dŷ'r person yn ola'
 Am ei fendith ar waith ei gôr
O Lanrhychwyn yn canu carola'
 Drwy'r pentra' ; a chawn brofi o stôr
Ei wreigdda groesawus, a'i mins-peis yn rhad
A 'phaned o de i hen hogia'r wlad.

Mae 'na bobol a fynnai'n dirmygu
 Am amgylchu'r ardal fel hyn
Yr un fath â'n tadau, i ganu
 Carolau'r Nadolig gwyn,
A'r byd yn arswydo rhag rhyfel a'i bla
Heb gredu fawr ddim mewn ewyllys da.

Ond mae'n well gen i'r ffydd fu'n arwain
 Ein tadau i'r llan tan y sêr
I gynnal gwasanaeth plygain
 Yng ngolau'u canhwyllau gwêr
Ar garolau'r hen Gowpar a Thwm o'r Nant
Pan oedd enw Boni yn ddychryn i'r plant.

O ydi, mae'n well gen i gredu
 I'r Ffydd a'u cynhaliodd hwy
Pan oedd cyni a thlodi'n ymledu
 Tros Gymru o blwy i blwy,
Ac a'u nerthodd trwy bob profedigaeth lem
I ganu am Seren Bethlehem.

'Dydan ni ddim yn " enwog ddatgeiniaid,"
 Nac yn gôr eisteddfod, ta' waeth ;
Dim ond dau neu dri o fugeiliaid,
 A gyrrwr y lorri laeth,
A merched o'r offis a'r ffatri wlân,
Ond fe rown ein calon i gyd yn ein cân.

A chofiwch chi, gwmni diddan,
 'Rydan-ni heno'n rhan o gôr
Aneirif trwy'r ddaear gyfan
 Sydd yn canu " Gogoniant i'r Iôr,"
Gan ddarlledu'r newyddion da i bob tir,
Newyddion rhy dda, gan rai, i fod yn wir.

4

Felly, codwch yn awr eich lanternau
Fel aur ar yr eira gwyn,
A chodwch eich llawen leisiau
A rhown dro dros un garol 'fan hyn,
Unwaith eto, â'ch ffydd yn y dwyfol air,
Cenwch i'r Baban ar liniau Mair.

Y CAROLWYR : (*Yn canu*)
Wel, Duw a'ch cadwo, wŷrda mwyn,
Boed mawl trwy'r byd yn grwn
Am Iesu Grist a anwyd in'
Y Dydd Nadolig hwn
I'n gwared oll rhag Satan byth
Ac esmwytháu ein pwn.

O cenwch yn llawen iddo'n awr,
Daeth y Wawr,
O cenwch yn llawen iddo'n awr.

Nos y Nadolig cyntaf un
Daeth angel glân o'r nef,
Cyfarchodd y bugeiliaid syn
Yn llawen iawn ei lef
" Nac ofnwch," meddai, " Ceidwad dyn
A gaed ym Methlem dref."

O cenwch yn llawen iddo'n awr . . . .

Croesawodd y bugeiliaid oll
Newyddion da fel hyn
A gadael yno'u defaid mân
I orwedd ar y bryn
A mynd yn syth i Fethlem dref
I geisio'r baban gwyn.

O cenwch yn llawen iddo'n awr .

Gogoniant byth i'n Harglwydd Dduw,
— O cenwch, wŷrda, ynghyd.
Tangnefedd ac Ewyllys Da
A fyn ei Fab i fyd.
Rhowch groeso i'w Nadolig Ef
Sy'n well na'r gwyliau i gyd.

O cenwch yn llawen iddo'n awr . . . .

5

II

CAROL Y GWIRIONIAID

Ysbyty Cenhadol y Plant yn Neau Korea.   Ward Orthopaedig
y Ffoaduriaid.

(Dilynir carol y plant o'u gwelyau gan ymson eu Nyrs o Gymraes).

LLEISIAU'R PLANT : *(yn canu hen garol y Ficer Pritchard)* :
" Awn i Fethlem, bawb, tan ganu,
Neidio, dawnsio, a llawenu.
I gael gweld ein Prynwr c'redig
Anwyd heddiw Ddydd Nadolig."

———————

Y NYRS :
Pa fodd y cânt neidio a dawnsio
Yn llawen i Fethlehem mwy,
— Y plant hyn y drylliwyd eu hesgyrn
Gan fomiau a newyn a chlwy ?
Fe ddylent fod heddiw yn rhedeg
Trwy'r weirglodd, gan ddilyn yr Oen
At ffynnon y dyfroedd bywhäol
— Nid gorwedd fan yma mewn poen.

Cywilydd a gwarth sydd i'm calon
O'u clywed yn canu mor llon,
A hwythau yn gŷff ac yn efrydd,
Heb obaith cael codi,—i gyd bron.
O Grist, oni theli'r creulondeb
A wnaethpwyd â phlant bach cyhyd,
Gan dorri eu hesgyrn yn 'sgyrion
Er clod i ryfelwyr y byd ?

Mi welais eu tebyg yn Belsen,
A'r croen dros eu hesgyrn yn llau ;
A'u gweld pan oedd bomwyr uwch Llundain
A thref Abertawe yn gwau ;
Fe'u nyrsiais trwy dlodi yr Eidal ;
Fe'u nyrsiais yn adfail Berlin.
O ! Ysbryd y Dwyfol Dosturi,
A fydd byw y fath esgyrn â hyn ?

6

Neu'r esgyrn drylliedig a 'sgubwyd
　　I'w beddau o olwg pob mam,
Fel bechgyn bach Bethlem a laddwyd
　　Heb wneuthur un niwed na cham ?
Mihangel ardderchog y lluoedd,
　　Mihangel â'r waywffon sant,
Ymrwyga o'r nefoedd a tharo
　　I ddial camwri â'r plant !

MIHANGEL :

　　O wraig, mae digofaint dy enaid
　　　　Yn gyfiawn yng ngolwg dy Dduw,
　　Fe ŵyr mai mewn aberth dros eraill,
　　　　Er Aberth y Groes, 'rwyt ti'n byw.
　　Fe ŵyr yn dy ddicllon dosturi
　　　　Fod sylfaen dy grefydd ar graig.
　　Am hynny anfonodd fi'n gennad
　　　　Hyd atad.　Nac ofna, O wraig !

　　Hoffaswn i fynd i rybuddio
　　　　(Yr un fath â Joseff a Mair)
　　Rieni *holl* feibion bach Bethlem
　　　　Fod Herod ar dorri ei air ;
　　Hoffaswn gael arbed pob Rahel
　　　　Rhag dolef ofnadwy ei loes ;
　　— At un mab yn unig y'm gyrrwyd,
　　　　Y mab oedd i farw ar groes.

　　Gwyn fyd y diniwed ferthyri
　　　　A laddwyd er Croes y Mab Rhad ;
　　Mae'u hengyl o hyd yn y nefoedd
　　　　Yn edrych ar wyneb ei Dad.
　　Gwell fyddai gan Herod faen-melin
　　　　A'i foddi yn eigion y môr
　　Na'r uffern o weld y Gwirioniaid
　　　　Sy'n pledio wrth orsedd yr Iôr.

　　Gan hynny yn awr mi broffwydaf
　　　　Uwch drylliau yr esgyrn bach hyn,
　　A galwaf ar Ysbryd yr Arglwydd
　　　　Fel anadl rymus trwy'r Glyn ;
　　Ac wele, daw asgwrn at asgwrn
　　　　A'r plant ddaw o'u beddau yn fyw,
　　A safant fel byddin fanerog
　　　　I gynnal dydd dial eu Duw.

7

Ag arfau'u milwriaeth ysbrydol
Tarawant gydwybod y byd.
A muriau'r Herodiaid a gwympant
Pan seinir eu hutgyrn ynghyd.
O enau plant bychain bydd dedfryd
Yr Arglwydd fel cleddyf o dân.
O cenwch eich carol, Wirioniaid !
Fe wrendy yr Iôr ar eich cân.

III

Y Trydydd Darlun

Neuadd y Ddawns

" CLWB YR AMSER DA "

(*Diwedd darllediad o fiwsig jazz y ddawns ar y radio. Yna clywir pennill o garol yn treiddio i'r neuadd trwy'r set radio*).

Yr Hoeden :
O uffern dân !   Rhowch soc yng nghorn ei lais !
'Fedra i ddim diodde' lol y B.B.C.,
Yn torri ar fy nawns â Jeff trwy drais
Duwioldeb *Band of Hope* a *Christmas Tree.*
Trowch nobyn ar ei garol ! . . . . Dyna chi !
Oes rhaglen arall, Jeff, â sacsoffôn ?
Nag oes ? Dim ots !   Er hynny, ymlaen â'r sbri !
Rhowch record newydd ar y gramoffôn.

Mae'n iawn, yn eno'r Brenin, i bob pais
Gael ffling go dda fel hyn mewn parti ffri
Ar gorn y 'Dolig. Ac mae Jeff yn Sais.
Ond Gwladys fach ! Yng Nghymru ! Gwarchod ni,
Byddwn yn destun seiat Engedi
A'r saint yn ysgwyd pen gan wneuthur tôn :
" Aeth iaith a chrefydd Cymru gyda'r lli . . . "
Rhowch record newydd ar y gramoffôn.

Pigwch un newydd, Glad a Jeff, heb glais,
A'i *jazz* yn ddigon croch i foddi cri
Poen y genfigen sydd o dan fy ais
Wrth wylio'ch serch, . . . neu sentimental si
Rhyw grwner mêl, fel dracht o'm *Drambuie.*
Cheers, Gladys ! . . . . Os am ryfel y mae o'n sôn,
Ni ddaeth y diluw eto drosot ti.
Rhowch record newydd ar y gramoffôn.

8

O Mam ! 'rwyf wedi blino. Bywyd ci !
Diolch am flwch fy ffeno-barbitôn.
Mi gefais sioc—dyna'i hoff garol hi.
Rhowch record newydd ar y gramoffôn.

Y PEDWERYDD DARLUN

CAROL Y DOETHION

Comisiwn y Cad-oediad, Korea

Rhan o lythyr Cyrnol Americanaidd at ei wraig yn Wisconsin,
Ddydd Nadolig, 1952

(Rhagflaenir gan fiwsig un yn chwarae ar y *mouth-organ* agoriad
y garol : " Tri ŷm ni o'r Dwyrain draw.")

Brenin o Wlad yr Ethiop du, a Brenin gwyn o Wlad Ur,
A Brenin melyn o Tseina bell, ddaeth â'r aur a'r thus a'r myrr.

Brenin â'i wyneb fel y nos, Brenin gwyn o Fabilon dref,
A Brenin â'i lygaid fel almon-gnau, a ddilynodd Ei Seren Ef.

Brenin hen riniau Cyfandir y Gwyll, hen Frenin Caldeaid coeth.
A Brenin gwareiddiad hŷn na'r ddau, a groesodd y tywod poeth.

Brenin yng nghroen y llewpart brych, Brenin â'i lurig fel gem,
A Brenin yng ngwe pry' sidan Cathay, a gyrchodd Fethlehem.

Brenin a flinodd ar ddrymiau'r wig, Brenin a flinodd ar waed,
A Brenin a flinodd ar hollti blew a syrthiodd wrth ei draed.

Baltasar, Caspar, a Melchiôr—daeth eu llwybrau pell ynghyd,
Heb gofio gwahanfur lliw na llwyth, wrth breseb Gwaredwr byd.

Baltasar, Caspar, a Melchiôr—gwŷr doethaf dynol-ryw—
Am ryfeddod y Baban a'r Seren mae'r Tri'n cyd-addoli Doethineb
Duw.
. . . .

' Wyt ti'n cofio'r hen stori a glywsom yn blant fel yna am rawd y
Tri ?
Daeth y stori honno heddiw'n ôl yn fyw i'm dychymyg i.

Eistedd yr oeddem â'n mapiau o'n blaen, a'n papurau ar y bwrdd,
A swyddogion y gelyn yn gwrtais oer wedi dod unwaith eto i'n
cwrdd.

Yr un hen broblemau, a'r un hen wawd, a'r un ystyfnigrwydd ffôl
O'r ddeutu, a'r un hen ddadleuon,—fel gêm, â'r bêl ymlaen ac yn
ôl.

9

Pob un yn protestio mai heddwch yw'r nod, ac mai ofer yw
   tywallt gwaed
Yn Korea mwy, pan ellir gwneud cadoediad heb unrhyw sarhaed.

Pob un yn taeru ei orau glas nad erys rhyngom fawr
Ond y carcharorion yn gwestiwn llosg cyn cyrraedd cytundeb yn
   awr.

A minnau â'm meddwl yn gwibio'n barhaus, f'anwylyd, o'r dad-
   lau hyn
At gatrawd ein mab yn yr uffern losg wrth ennill neu golli rhyw
   fryn.

O'r diwedd dygasom garcharor i mewn i osod ei blê ger eu bron
—Tseinëad melynddu, na fynnai er dim fynd yn ôl at y giwed hon.

Dygasant hwythau Negro ymlaen i dyngu mai bywyd ci,
Cyn ffoi at y gelyn, a gawsai ef yn ein gwlad a'u catrodau ni.

Eisteddai'n Llyw rhwng y melyn a'r du, a gwelem ei dalcen gwyn
Yn crychu wrth ganfod mor ofer o hyd oedd cylchdro'r dadleuon
   hyn.

Ar hynny, i'r stafell daeth miwsig o bell—hen garol y " Tri ŷm ni,"
—*Mouth-organ* gan un o'n gyrrwyr tu faes, a hwnnw'n ei chwarae'n
   ffri.

A chofiais mai Dydd Nadolig oedd hwn,—a'u bod hwythau'n
   curo'r ddôr
—Y Doethion, na chofiant na lliw na llwyth ym mrawdoliaeth
   Crist ein Iôr.

V

Y PUMED DARLUN

TŶ'R PERSON

ARWEINYDD Y CAROLWYR :

Wel, dyma ni, hogia' ffyddlon,
   Wedi rowndio Trefriw yn llwyr
A chyrraedd at ddrws Tŷ'r Person,
   Ac er ei bod bellach yn hwyr
Ni ganwn un garol cyn mynd i'r tŷ
Ar destun gorfoledd y nefol lu.

A chofiwch—fe fu llu o leisiau
  Yn rowndio'r ddaear gron
Er taenu hen stori'r carolau
  Ar y Nos Nadolig hon.
Wel, diolch am i ninnau gael gwneud rhyw ran
Dros y Ffydd a ddysgasom mewn capel a llan.

Aeth llinyn y Ffydd trwy'r holl ddaear,
  A'i gair hyd eithafoedd y byd ;
Nid oes iaith nac ymadrodd na llafar
    Heb her gan ei Gobaith drud,
Ac O ! na ddoi dynion i godi eu trem.
Mae hi'n olau uwch Dinas Bethlehem.

Y Carolwyr : (*Yn canu*)
  O ddinas fechan Bethlehem,
    A'i llety llwm mor llawn,
  Uwchlaw pob stryd y sêr i gyd
    A droellai'n dawel iawn.
  Ond ar dy strydoedd cysglyd, cul,
    Daeth Golau'r Nef yn lli ;
  Gobeithion llon y ddaear gron
    Gydgwrddodd ynot ti.

  Fe anwyd ynot Geidwad dyn,
    Ac wele engyl nef
  Oll ar ddi-hun, er trymgwsg dyn,
    I wylio'i wely ef.
  Cydgenwch, sêr y bore i gyd,
    Cyhoeddwch eni'r Crist ;
  Boed mawl eich côr i'r Arglwydd Iôr
    Am gofio'n daear drist.

  Mor dawel, O mor dawel gynt
    Y daeth y Mab i'n byd.
  A chlust ni chlyw lle dyry Duw
    Ei rad o'r nef o hyd.
  Ond er bod dyn yn fyddar fyth,
    Ac er bod byd dan glwy,
  Yr Iesu a gâr bob enaid gwâr ;
    Ymwêl o hyd â hwy.

  O Sanctaidd Faban Bethlehem,
    Ymwêl â ninnau'n awr ;
  Sancteiddia'n bron i'n gwneud yn llon
    Ar Ŵyl dy gariad mawr.
  Rhown groeso i'th Nadolig glân
    Mewn anthem a barha,
  A'n cartref ni a'th dderbyn di
    Yn llawen, Iesu da.

Lleisiau'r Carolwyr : (ar derfyn y garol)
    Nadolig llawen ! Nadolig llawen i chi, Reithor !
    Nadolig llawen i chi i gyd !

Y Rheithor :
    Nadolig llawen i chi ffrindiau,
      A bendith ar eich cân,
    I'ch Gwaredwr chi a minnau.
    Dowch yn hy i'r tŷ at y tân.
    Eisteddwch, cynheswch ; a chroeso bob un.
    Clywch—mae'r tecell yn uno'n y croeso, 'mwyn dyn !
    . . . .

Arweinydd y Carolwyr :
    Can ddiolch, Reithor caredig,
      Ac i chitha', wraig ifanc y tŷ,
    Am y wledd i'n côr bach gwledig,
      A'ch croeso cynnes a chu.
    Ond cyn 'madael, Reithor, dywedwch air
    Wrth yr hogia' am Nadolig Baban Mair.

Y Rheithor :
    Trowch adref, bobol dda, yn awr tan fendith y nef,
    A'n diolch ni i gyd am act o addoliad heno
    Trwy ffydd,—a'r byd fel y mae.
    A Duw a roddo ichi 'fory lawenydd Nadolig ei Fab,
    Ac yn eich calonnau arhosed Tangnefedd Crist.

    A thrannoeth yr Ŵyl,
    Pan drowch unwaith eto i faes eich cynefin lafur,
    At y defaid, at y tyddyn, at yr efail,
    At y ffatri wlân a'r swyddfa,
    At y tractor a'r lorri laeth,
    Ac y bydd isel canu'r engyl gan drwst olwynion,
    Nac anghofiwch heno.
    A phan agorwch eich papurau, drannoeth yr Ŵyl, a chael
    Mai'r un un, i bob golwg, yw'r byd ag erioed, na thristewch
    Megis eraill nad oes ganddynt obaith Efengyl Crist.
    Ie, pan ddarllenwch am drais a chreulondeb a gwae,
    Rhyfeloedd a sôn am ryfeloedd, a'r awdurdodau'n nacáu
    Cymodi o ddynion â'i gilydd, rhwng ffos a ffos,
    Hyd yn oed am undydd bendigaid Nadolig Crist,
    Na thristewch hyd anobaith.

    A phan ddarllenoch eto druth celwyddog
    Y cnafon clyfar, di-saf, sy'n lluchio llwch
    Propaganda'n llygaid y werin, i farchogaeth eu coel
    Yn wyllt ar y ffordd i Fedlam ac nid i Fethlem ;
    Ie, er hyn na thristewch ar drannoeth yr Ŵyl.

A phan ddiymadferth ofynnoch : " Beth allwn ni
Werin-bobol syml cefn gwlad, na cheisiasom ryfel,
Beth allwn ni pan ddelo'r gnoc ar y drws, y wŷs am y mab,
Y pac ar ei gefn, y dryll yn ei ddwylo deunawmlwydd,
A'i ddril baionet trwy goluddion : Pwynt ! Un, dau, tri ! !
Beth allwn ni, fwy na thruain gwerin pob tir ?

A phan drowch o dudalen flaen eich papurau newydd,
Gyda'i bygwth am " HYDROGEN BOMB " mewn llyth-
    rennau bras,
I'r tudalen olaf â'i phroblemau bach twt a nes adref,
Sy'n haws eu datrys trwy lwc, megis " P'le mae'r bêl ?"
Neu lenwi cwpon y pŵl am yr wythnos yma ;
Er eich penbleth i gyd, na thristewch.

Trowch adref, gyfeillion, ond na chefnwch ar Ffydd eich cân,
Er dyfod trannoeth i'r Ŵyl, nac anghofiwch y nos
Pan safasoch gyda'r Saint yn ymyl dirgelwch y nef,
A gweled â'ch llygaid syn Iachawdwriaeth yr Arglwydd,
A'i gogoniant fel fflam tan eich bron er yr eira i gyd.

Canys gwybyddwch nad ffyrdd dynion yw ffordd achubol Yr
Ac nad ein meddyliau ni yw ei feddwl Ef.   [Iôr,
Ei drugaredd Ef sy'n dragywydd.

Am hynny, llawenhewch yn yr Arglwydd, fy nghyd-Gristion-
    ogion,
Llawenhewch am na ellwch ddim ohonoch eich hunain,
Llawenhewch am mai eithaf dyn yw cyfle Duw,
Llawenhewch am mai Iesu Grist yw'n hunig Iachawdwr,
Iachawdwr y byd, a minnau,—a thithau—a thithau.
Llawenhewch na ddiffoddir byth mo'i Seren Ef.
Llawenhewch gyda Mair a Joseff,
Llawenhewch gyda'r Bugeiliaid a'r Doethion,
Llawenhewch gyda'r Gwirioniaid a'r Merthyri,
Gyda holl lu'r nef, llawenhewch.

Ie, O Dduw,
Am iti roddi Iesu Grist, dy un Mab, i'w eni
Ar gyfenw i'r amser yma drosom ni,
Gan hynny, gydag angylion ac archangylion a holl gwmpeini
    nef
Y moliannwn ac y mawrhawn dy ogoneddus Enw . . . .
Gogoniant a fo i Ti, O Arglwydd Goruchaf.

IN EXCELSIS GLORIA

Y CAROLWYR : (*yn canu*)

Pan anwyd Crist, ein Harglwydd Iôr,
Ym Methlehem ar draws y môr,
Llanwyd y nef â'r newydd da
   In excelsis gloria.

Cyhoeddodd engyl uwch ei grud
Dangnefedd dwyfol i'r holl fyd :
Gobaith cenhedloedd blin tan bla :
   In excelsis gloria.

Cyduned daear â llu'r nef
I ganu croeso iddo Ef.
Iesu yn unig a'n hiachâ
   In excelsis gloria.

Er bod y gwledydd heddiw'n sarn
Mewn arswyd rhag taranau'r Farn,
Gras y Nadolig a barha ;
   In excelsis gloria.

Fy enaid, derbyn dithau'r gair
A ganwyd gynt am Faban Mair.
Gyda'r angylion llawenha
   In excelsis gloria.

ANFON Y NICO
(*Tafodiaith Gwynedd*)

Nico annwl, ei di drostai
    Ar neges fach i Gymru lân ?
Ei di o fro y clwy a'r clefyd
    I ardaloedd hedd a chân ?
Ydi ma'r hen Strwma'n odiath
    Dan y lleuad ganol nos,
Ond anghofiat titha'r cwbwl
    'Daet ti'n gweld y Fenai dlos.

Sut yr wt-ti'n mynd i 'nabod
    Cymru pan gyrhaeddi 'ngwlad ?
Hed nes doi i wlad o frynia
    Sydd a'r môr yn cuddio 'u trad :
Lle ma'r haf yn aros hira,
    Lle ma'r awal iach mor ffri,
Lle ma'r môr a'r nefoedd lasa,
    Gwlad y galon—dyna hi.

Chwilia Gymru am yr ardal
    Lle ma'r gog gynara'i thôn,
Os cei di yno groeso calon
    Paid ag ofni—dyna Fôn ;
Hed i'r gogladd dros Frynsiencyn,
    Paid ag oedi wrth y Twr,
Ond pan weli di Lyn Traffwll
    Gna dy nyth yng ngardd Glan Dwr.

Gardd o floda ydi honno,
    Gardd o floda teca'r byd ;
Ond mi weli yno rywun
    Sy'n glysach na'r rhosynna i gyd !
Cân 'y ngofid, cân i Megan,
    Cân dy ora iddi hi,
Cân nes teimla hitha'r hirath
    Sydd yn llosgi 'nghalon i.

Dywad wrth 'y nghefndar hefyd
    Y rhown i'r byd am hannar awr
O bysgota yn y Traffwll,
    Draw o swn y gynna' mawr.
Dywad wrtho 'mod i'n cofio
    Rhwyfo'r llyn a'r sêr uwchben,
Megan hefo mi, a fonta
    Efo'r ferch o'r Allwadd Wen.

Wedi 'nabod Wil a Megan
    'Dei di byth i ffwr', dwi'n siwr :
Pwy ddoi'n ôl i Facedonia
    Wedi gwelad gardd Glan Dwr ?

HWIANGERDDI

Arglwydd, gad im bellach gysgu,
  Trosi'r wyf ers oriau du :
Y mae f'enaid yn terfysgu
  A ffrwydradau ar bob tu.

O ! na ddeuai chwa i'm suo
  O Garn Fadryn ddistaw, bell,
Fel na chlywn y gynnau'n rhuo
  Ond gwrando am gân y dyddiau gwell.

Hwiangerddi tyner, araf,
  Hanner-lleddf ganeuon hen,
Megis sibrwd un a garaf
  Rhwng ochenaid serch a gwên ;

Cerddi'r haf ar fud sandalau'n
  Llithro dros weirgloddiau Llŷn ;
Cerddi am flodau'r pren afalau'n
  Distaw ddisgyn un ac un ;

Cerdd hen afon Talcymerau
  Yn murmur rhwng yr eithin pêr,
Fel pe'n murmur nos-baderau
  Wrth ganhwyllau'r tawel sêr.

Cerddi'r môr yn dwfn anadlu
  Ger Abersoch wrth droi'n ei gwsg ;
Cerddi a'm dwg ymhell o'r gadlu,
  Cerddi'r lotus, cerddi'r mwsg.

O ! na ddeuai chwa i'm suo,
  O Garn Fadryn ddistaw, bell.
Fel na chlywn y gynnau'n rhuo
  Ond gwrando am gân y dyddiau gwell.

YM MIN Y MÔR

Mae bryniau Groeg mewn porffor des yn estyn ar bob llaw,
Ac ar bob trum fe rydd y wawr addewid am a ddaw ;
Mi glywaf glychau'r defaid mân fel sŵn afonig glir
Yn treiglo i lawr o'r bryniau ban. Neithiwr yr oedd y tir
Yn llawn ysbrydion oesau fu. 'Roedd Alecsander Fawr
A'i luoedd yng ngoleuni'r lloer drwy'r glyn yn dod i lawr.
Ah, Nel ! Mae Macedonia'n deg, rhy deg i un fel fi ;
Ond sut mae'r " bae " dan leuad Mai ? Oes llwybyr dros
      y lli ?
   O Dduw ! 'r tangnefedd sy'n ystôr
   Ym min y môr, ym min y môr.

Mae blodau Groeg fel nyddwaith drud o lawer lliw a llun,
Fel pe syrthiasai sêr y nef i blith y gwellt bob un ;
Neu cwympodd un o filwyr glew y Dyddiau Fu fan hyn,
A thyf o'i foch y popi coch, o'i fron y popi gwyn.
Ond rhowch i mi'r môr-gelyn a blodau'r ysgall hallt
A llygaid dydd y Morfa a blethit ti'n dy wallt ;
Ac er bod eos yma bob nos i ganu serch,
Mi rown y cyfan heno am draethell Aber Erch,
    A chri'r gwylanod lleddf eu côr
    Ym min y môr, ym min y môr.

Mae merched Groeg fel breuddwyd ; a'u tresi duon hardd,
A mellt eu llygaid gwylltion bron iawn â drysu bardd ;
Mae'u gwaed fel sug eu grawnwin yn llawn o dân yr hin
(Meddwwn ar eu cusanau, os meddwa gŵr ar win) ;
Ond O ! mae merch yng Nghymru ac arni hi mae 'mryd—
Mae rhywbeth yn ei hwyneb sy'n dlysach na'r holl fyd,
Mae'i chalon fach yn burach na'r môr awelon llon,
A'i chusan fel yr heulwen a chwery ar y don.
    Pryd cawn ni eto gwrdd, fy Iôr,
    Ym min y môr, ym min y môr ?

MONASTÎR

Doe mewn Cyfarfod Misol ar lith ariannol sych
Gwelais ryw afon loyw, a llawer meindwr gwych
Yn crynu ar ddrych ei dyfroedd uwch llawer temel wen ;
A'r awyr denau eglur fel sidan glas uwchben,
Ond lle bai cwmwl bychan dim mwy na chledr llaw
O gwmpas plên y gelyn yn agor yma a thraw.
Tywyllai'r glaw y capel, a'i ddadwrdd ar y to
Fel tôn gŵr y cyfrifon a'i lith hirwyntog o.
     Gwybu fy nghalon hiraeth dir
     Am Fonastîr, am Fonastîr.

Ymdeithiwn unwaith eto yn filwr gyda'r llu
Ac eco'n trampio cyson yn deffro'r dyffryn du.
Clybûm yr hen ganeuon, a'r un hen eiriau ffraeth,
Gorfoledd gwŷr Yr Antur Fawr âi'n rhydd o'n carchar caeth.
Daeth llef yr ystadegydd fel cri colledig wynt :
" Daw'r gronfa hon eleni â phedwar ugain punt."
O ! f'enaid, onid harddach ped aethit tithau'n rhydd
O ganol Yr Anturiaeth Fawr cyn pylu gwawr dy ffydd
     Fel enaid llawer cymrawd gwir
     I Fynwes Duw o Fonastîr.

Cyfododd yntau'r Llywydd : " Mae'n bleser gen i'n awr
Ofyn i'r diaconesau ein hannerch o'r Sêt Fawr."
Yr oedd eu gwisg yn barchus, a'u gwallt yn barchus-dynn,
A pharchus eu cerddediad.   Ond gwelwn lechwedd bryn
A Chlöe gyda'i defaid.   Dylifai'i gwallt yn rhydd
Dan gadach sidan melyn, a lliwiai'r haul ei grudd,
Rhedai yn droednoeth ataf â chusan ar ei min ;
Nid oedd ond clychau'r defaid i dorri ar ein rhin.
     A gofiwch weithiau, glychau clir,
     Am hanes dau ym Monastîr ?

YR EIRA AR Y COED

Melfed ddistawrwydd hwyrol
   Fel llen ar ddrama'n cau
Nes rhannu'r byd synhwyrol
   A llwyfan serch yn ddau :
A'r brigau heb sŵn awel,
   A'r eira heb sŵn troed,
Cusanodd fi mor dawel
   Â'r eira ar y coed.

Clod i'r ystormydd nwydus
   Sy'n troelli'r eira'n lluwch,
A'r gwynt ar gyrch arswydus
   Yn rhuthro'n uwch ac uwch ;
Ond wedi i'r angerdd dreiglo
   Daw saib hyfryta' erioed,
Pryd na bydd chwa i siglo
   Yr eira ar y coed.

Clod i'r ystorm o garu
   Sy'n lluwchio nwydau'r fron ;
Ni wn i edifaru
   Erioed am angerdd hon.
Ond wedi'r iasau hirion
   Yn f'enaid byth arhoed
Atgof un cusan tirion
   Fel eira ar y coed.

YR OLWYN

Pe tyciai dagrau i lacio
   Y llaw sy ar Olwyn Ffawd,
Pa fodd y trown ei hechel
   I lanw f'einioes dlawd ?

Nis trown at aur ac arian,
   Na gwobrau'r byd na'i fri ;
Trown nes cyd-gloi o'r Olwyn
   Bob awr o'n horiau ni.

Ac yna archwn iddi,
   " Olwyn yr Oesoedd, saf ! "
— A'th fywyd di a minnau
   Yn un di-hydref haf.

Ond gan nad etyl dagrau
Dreigliadau'r Olwyn hen,
Na'i throi yn ôl un diwrnod,
Moes im dy law a'th wên ;

Moes im dy galon, brysia ;
Moes ddealltwriaeth clir,
Mewn byd lle mâl Yr Olwyn
Degwcb yn llwch cyn hır.

AUBADE

Gorweddai trwbadŵr trwy hafnos bêr
Mewn perllan gyda'i gariad tan y sêr
Hyd alwad corn ei dyngedfennus awr ;
O Dduw ! O Dduw ! mor fuan ydyw'r **wawr.**

" Os rhaid gwahanu yfory," meddai'r ferch,
" Ni biau heno, a gwin a ffrwyth ei serch.
Anwesa fi'n dy gôl—beth mwy a'm dawr ?
O Dduw ! O Dduw ! mor fuan ydyw'r wawr.

" Dal fi cyn troi i'r llwybrau blin, di-nwyd,
— Ti i'r rhyfeloedd, mi i'r cwfaint llwyd.
Dal fi ; ni suddodd Gwener eto i lawr.
O Dduw ! O Dduw ! mor fuan ydyw'r wawr.

" Nac edrych ar y sêr yn troelli i'r dydd,
Sibrwd dy serch, â'th anadl ar fy ngrudd,
A'th freichiau amdanai'n gryf fel breichiau **cawr.**
O Dduw ! O Dduw ! mor fuan ydyw'r wawr.

" Dy fin ar gŵyr fy min yn dynn fel sêl,
A fflam dy gusan megis tân ar fêl,
Dy law fel tyner iwrch hyd fron a bawr.
O Dduw ! O Dduw ! mor fuan ydyw'r wawr.

" Nac edrych : ni ddaeth rhwd dros ddur y nen.
Eos, nid bronfraith, sydd yn canu uwchben.
Nid awel dydd yw hon, os pêr ei sawr.
O Dduw ! O Dduw ! mor fuan ydyw'r wawr.

A'r mab : " Paradwys heno yw'r berllan hon,
A'i hafal crwn, pereiddiaf yw dy fron,
Moes angof llwyr ar ffrwyth dy gariad mawr—
Ac eto, O Dduw ! rhy fuan y daw'r wawr !"

LLANARMON

Yn ffenestr côr Llanarmon
　　Carcharwyd angel mawr
A'i wisg fel tes ysblennydd
　　Yn euro llwch y llawr ;
Ond trist a thrwm ei lygaid,
　　—Er ei ysblander oll
Ni ddychwel byth i'r nefoedd
　　Mwy na'r angylion coll.

Flynyddoedd ar flynyddoedd
　　Gwrandawodd yn ddi-daw
Ar saint a phechaduriaid
　　Yr eglwys lwyd is law,
Bydd hiraeth eu gweddïau
　　Yn lleithio'u ruddiau ef,
Garcharor yn y gwydyr
　　Mewn hiraeth am y nef.

Doe aeth fy nghariad innau
　　I ganu yn y côr,
Rhoed llais mor bur â'r seraff
　　I eilio mawl yr Iôr,
A gwelwn wedd yr angel
　　Yn olau fel y wawr,
Deffroai'r llygaid athrist
　　A chrynai'r esgyll mawr.

LLANFIHANGEL BACHELLAETH

(I Gwilym T.)

Yn Llanfihangel Bachellaeth
  Mae'r lle tawela 'ngwlad Llŷn,
Yn Llanfihangel Bachellaeth,
  Pe caet dy ddymuniad dy hun,
Heb ffwdan na hir baderau
  Fe roddem dy gorff i lawr
Lle ni ddaw ond cân ehedydd
  I dorri'r distawrwydd mawr.

Dygyfor trwy Ddyffryn Nanhoron,
  Dygyfor mor drist ag erioed
Bob gaeaf y byddai'r awelon
  A chrïo'n ddigysur drwy'r coed.
Yn Llanfihangel Bachellaeth
  Ni chlywit mohonynt mwy,
Ni chlywit mo'r gloch yn cyhoeddi
  Awr weddi ffyddloniaid y plwy.

Ond pan ddeuai'r haf unwaith eto
  A lliw dros holl fryniau bach Llŷn,
Y bryniau gwyryfol a fernaist
  Mor lluniaidd â bronnau dy fun,
Yn Llanfihangel Bachellaeth
  Dôi dagrau dy gariad drwy'r gro,
A'r grug a flodeuai yn borffor
  O'th lwch yn hyfrydwch dy fro.

CAPEL NANHORON

Y mae capel bach gwyngalchog
    Ym mhellafoedd hen wlad Llŷn.
Dim ond un cwrdd chwarter eto
    Ac fe'i caeir,—dim ond un.
Y mae llwydni ar bob pared,
    Dim ond pridd sydd hyd ei lawr.
Ond bu engyl yn ei gerdded
    Adeg y Diwygiad Mawr.

Ni chei uchel allor gyfrin,
    Na chanhwyllau hir o wêr,
Na thuserau'r arogldarthu
    Yma i greu'r awyrgylch pêr
Sydd yn gymorth i addoli
    Ac i suo'r cnawd a'r byd,
Ac i roddi d'enaid dithau,
    Mewn perlewyg yr un pryd.

Ni chei gymorth yr offeren
    I ddwyn Duw i lawr i'r lle,
Na chyfaredd gweddi Ladin,
    " *Miserere Domine.*"
Ni chei yma wawr amryliw :
    Dwl yw'r gwydrau megis plwm,—
Dim ond moelni Piwritaniaeth
    Yn ei holl eithafion llwm.

Ond er mwyn " yr hen bwerau "
    A fu yma'r dyddiau gynt,
Ac er mwyn y saint a brofodd
    Yma rym y Dwyfol Wynt,
Ac er mwyn eu plant wrth ymladd
    Anghrediniaeth, ddydd a ddaw,
Amser, sy'n dadfeilio popeth,
    Yma atal di dy law.

PABELL Y CYFARFOD

Methais weled Duw yn Fflandrys,
  Methais wedyn ar y Somme,
Yr oedd niwloedd oer amheuaeth
  Wedi llethu 'nghalon drom ;
Yr oedd y ffrwydradau hynny
  Oedd yn siglo'r byd i'w wraidd
Yn dirgrynu ffydd fy enaid
  Hyd ei gwreiddiau hithau braidd.

Oni chwalwyd y cysegroedd ?
  Oni ddrylliwyd pob ysgrîn
Lle bu gwerin Ffrainc a Belgium
  O flaen Duw yn plygu glin ?
Clywais fod y " Crist yn Fflandrys,"
  Yno'n Gapten Mawr yr oes ;
Ond yr unig Grist a welais
  Ydoedd Crist ar ddrylliog groes.

Rhwng ein ffos a ffos y gelyn
  Codai sêr di rif i'r nef ;
Ond er syllu tua'r Dwyrain
  'Welais i mo'i seren Ef ;
Er fy mod rhwng y fflachiadau
  Weithiau yn dyrchafu 'nhrem,
'Welais i mo'r engyl hynny
  A fu gynt uwch Bethlehem.

Bûm am fisoedd heb weddïo,
  Sut y gwyddwn i fod Duw
Yn fy ngwrando a tharanau
  Gynnau Fflandrys yn ei glyw ?
Pwy freuddwydiai y cyrhaeddai
  Ysgol fyth i'r nefoedd dlos
At fy Nuw, a'i thraed yn llithro
  Hyd y gwaed oedd yn y ffos ?

Methais weled Duw ym Mharis
  Er mor chwerw oedd fy nghri ;
Cerddwn beunydd o'r ysbyty
  Trwy ei hen eglwysi hi.
Gwelais orau'r Canol Oesoedd,—
  Llawer colofn dalfrig lân,
Bwa megis darn o enfys,
  Cornis megis darn o gân.

Ond er allor gysegredig
    Ac er delwau'r saint i gyd
Ymbalfalu 'roedd fy enaid
    Yn y niwl a'r nos o hyd ;
Onid ydyw'r darlun gennych
    Ofer dangos imi'r ffrâm :
Methais weled Duw ym Mharis
    Na gweddïo'n Notre Dame.

Ond ar ôl yr heldrin chwerw
    Pan ddychwelais eto i Fôn,
Ac i'r capel bach diaddurn,
    Gwelais yno Wyneb Iôn !
O ! 'r cyfarfod gweddi hwnnw
    Lle nad oedd ond dau neu dri,
Lle'r agorwyd holl ffynhonnau
    Dyfnder mawr fy nghalon i !

Gwelais yno Dduw sy'n myned
    Gyda'i blant drwy'r ing i gyd,
Gwelais Grist ar bob Calfaria
    Yn dioddef dros y byd,
Ac anghofiais fy amheuon
    Wedi gweld ei glwyfau E'—
Gweled Croes yng nghalon Duwdod !
    Mor ofnadwy oedd y lle.

Gwelais Grist oedd yn fy ymyl
    Ac yn ymyl dynol ryw :
" Dyma," meddwn, " borth y nefoedd,"
    " Dyma," meddwn, " dŷ i Dduw,"
" Dyma fan yn ymyl Duwdod
    I bechadur wneud ei nyth,
A Chyfiawnder pur y nefoedd
    Yn siriol wenu arno byth."

25

C

TUA THRE

(Ar fiwsig *Chopin* Op. 28, Prelude rhif 7, Andantino, A major).

Pe byddai'r byd yn llon
   A thi a minnau'n rhydd,
Heb ofal tan ein bron,
   O, difyr fyddai'n dydd.

Pe rhoddid inni siawns
   Ar gymun di-wahân,
Pob awr a fyddai'n ddawns
   Ym mêl alawon mân.

A phan rôi'r sêr eu taw
   Ar fiwsig llon pob lle,
Gafaelwn yn dy law
   A'th arwain tua thre.

Mi glown y drws yn glyd,
   Mi syllwn ar dy wedd,
Mi rown Nos da i'r byd,
   A phrofi ystyr hedd.

Y GANGEN ROS

Fe roes fy nghariad gangen im
   O ryw bereiddiaf ros,
Â'i flodau ni chystadlai dim
   Ond gwridog ruddiau'r dlos.
Ac meddai, " Planna'r rhosyn hwn
   Er arwydd yn dy ardd,
A phan flodeua, da y gwn,
   Y llonna galon bardd."

Mi blennais innau'r gangen ros
   Â gofal mawr, fy hun,
Er hynny daeth ystorm un nos
   A deifio'r dail bob un ;
Ond pan agorais heddiw'r glwyd,
   Rhosyn fy nghariad i
A ail-flagurodd, megis nwyd
   Ei serch anfarwol hi.

GWEDDI PYSGODWR

O caniatâ bysgota im hyd angau, f'Arglwydd Dduw,
Ac wedi'r tafliad olaf oll fy ngwylaidd weddi yw :
Pan godir finnau yn dy rwyd i'm dwyn i'r lan o'r lli,
Fy nghyfrif trwy dy ras yn werth i'm cadw gennyt Ti.

EIRLYSIAU

Ni chlywais lais un utgorn
　　Uwch bedd y gaeaf du,
Na sŵn fel neb yn treiglo
　　Beddfeini, wrth ddrws fy nhŷ.
Mi gysgwn mor ddidaro
　　Â Pheilat wedi'r brad ;
Ond Grym yr Atgyfodiad
　　A gerddai hyd y wlad.

Oblegid pan deffroais
　　Ac agor heddiw'r drws
Fel ganwaith yn fy hiraeth,
　　Wele'r eirlysiau tlws
" Oll yn eu gynnau gwynion
　　Ac ar eu newydd wedd
Yn debig idd eu Harglwydd
　　Yn dod i'r lan o'r bedd."

ABERTHGED

Mor ysgafn trwy'n hen ddefodau
　　Â'r pabi coch dawnsiaist ti,
Forwynig y gwenith a'r blodau
　　Dawns, O Berseffoni.

Calonnau sy'n hen fel y meini
　　A llwyd yw'n calonnau ni,
A ddychwel y Gwanwyn i'r rheini ?
　　Dawns, O Berseffoni.

27

PERSEFFONI

Allan o'r dawnsio y daeth hi,
Y Wyry Berseffoni,
Allan o'r goleuni i'r gwyll hyd ataf,
A'i dwylo estynedig gwynion
Fel gwynion lili'r dŵr.
Heb ffug, na phetruster, na ffwdan,
Rhoes law ar fy llaw friwedig.

Paham y daethost yma, O Gennad y Gwanwyn ?
Paham ataf fi, O Fwynder y Fioled ?
Paham ataf fi i'r tywyllwch eithaf ?

Rheitiach i'th deced ddychwelyd lle chwardd yr ysgafnfryd
        lanciau,
Rheitiach it gyfaill o'r dawnswyr
Na wybu ing ;
Nid ofnent hwy bersawr blodau ar y tywyllwch,
Ni phetrusent ymroddi yn antur cyfeillgarwch,
Ni wybuant na brad na chroes,
Dychwel i'r goleuni a'r ddawns,
Dychwel.

Na chyffwrdd â mi,
Onid enillais enaid rhydd
Trwy Sagrafen Siom ?
Ac oni thyngais na chanwn byth mwy ?

F'ymddiried sydd farworyn marw,—na chais ei ail-ennyn
        â'th anadl.
Â'th anadl na alw'r briallu
I ardd lle mae Ffarwel Haf.
Pob tant mewn telyn a gyweirir
Hyd y dwthwn y torrir Tant Gobaith.
Dychwel, y dyner ; arswyda rhag Bro'r Cysgodion,
Dychwel, Berseffoni, dychwel.

— Fel hyn y lleferais, f'anwylyd,
Y nos y daethost ataf,
Gan dybied nad oeddit tithau ond merch,
Dim ond merch o ferched gwragedd
Ac nid Glendid y Gwanwyn gwyllt ;
Hyd oni pheraist imi glywed calon y Ddaear, dy Fam,
Wrth fy nghlust yn curo eto.
Eto y peraist im wrando rhythm curiadau Bywyd
Yn tonni trwy'r meysydd, yn tonni trwy'r môr,
Yn tonni trwy dy fynwes dithau.

Lle gorweddem tan fronnau'r Ddaearen, dy Fam,
Berseffoni,
Llonydded oeddem â phlant ynghwsg wedi storm o ddagrau,
Llonydded â'r meirw gwynfydedig.
Pa raid oedd ein deffro byth ?
Pa beth llawnach gan Fywyd ac Angau na'r orig honno ?
A'm pen ar dy fynwes, paham y sibrydaist,
Berseffoni,
" A anghofiodd dy ddeheulaw ganu ?
— Hanner-fy-enaid-i, cân . . . . "

— A anghofiodd fy neheulaw ganu ?
Gwêl beth a gelodd fy malchder,
— Ni chaeodd fyth ôl yr hoelen.

Er hynny fy nhelyn a drwsiaf
Trwy ddirboen i ganu i ti.

Hyn un waith a ofynnwn,
Berseffoni,
Cyn i mi gyffwrdd â'r tannau ;
— Fy llaw eto'n llosg gan y llid,
Moes im ei gorffwys ennyd
Ar eira dy wyry fron.
Moes rinwedd hon i'm deheulaw
A glendid y Gwanwyn i'r gân.

GOLUD

Diolch i Dduw Rhagluniaeth
  Sy'n trefnu tynged dyn
Am rannu imi gyfoeth mwy
  Na chyfoeth ffermwyr Llŷn !
Rhoes im adnabod blodau
  A'r adar gwyllt bob un,
A geneth sy'n eu caru hwy
  Mor bur â mi fy hun.

Ni cheisiwn, Iôr, Dy nodded
  Rhag lladron daear lawr
Ond cadw ni rhag colli'r swyn
  Sydd inni yn y wawr ;
Rhag myned heb ryfeddu
  Heibio i'r grug a'i sawr ;
Rhag clywed dim yng nghân y llwyn
  Na chân y cefnfor mawr.

CYMRAWD

Rhyfeddod canhwyllau yr allor,
   Dieithrwch y wawr ar y lli ;
Anfynych mewn llygaid y'u gwelais,
   Mae'r ddau yn llygaid fy nghi.

Ffyddlondeb di ildio y cymrawd,
   Teyrngarwch y merthyr dan li ;
Anfynych mewn llygaid y'u gwelais,
   Mae'r ddau yn llygaid fy nghi.

Edmygedd y llanc o'i frawd hynaf,
   Addoliad crefyddwr o'i Ri ;
O Dduw ! na bawn deilwng, yn deilwng
   O'r hyn sydd yn llygaid fy nghi.

CWM RHONDDA

Medd crwt o'r Rhondda wrthyf,
   " Fe elai'r wiwer gynt
O bren i bren trwy'r Dyffryn
   Yn gyflym fel y gwynt.
Ond cerddai cath go heini
   O Flaen y Cwm i lawr
(A llamu ambell heol)
   Hyd gribau'r tai yn awr."

Chwychwi a dreisiodd lendid
   Morwynig wyllt y Cwm,
A'i gadael yn anafus,
   Yn aflan ac yn llwm ;
Rhowch goed i wisgo'r bronnydd
   Os rhaid dinoethi'r pant,
Hiraethu am le i chwarae
   Mae'r wiwer fach a'r plant.

YSTRAD FFLUR

A'th ddwylo yn fy nwylo,
   A'th anadl ar fy ngrudd,
Sibrydaist dy gyfrinach
   Un hwyr dan gangau'r gwŷdd
   Ger hen Abaty'r Ffydd.

A'th ddwylo yn fy nwylo
   Onid edrychaist ti
I ddyfnder y dyhead
   A chwyddai 'nghalon i,
   Heb feiddio codi ei gri ?

A'th ddwylo yn fy nwylo,
  Daeth Ysbryd Duw ei Hun.
Fel chwa o'r uchel allor
  I rwymo dau yn un
  Heb gymorth llyfrau dyn.

Â'th ddwylo yn fy nwylo
  Nos y briodas wen,
Pelydrai'r sêr-ganhwyllau
  Ar holl allorau'r nen
  A siantai'r gwynt Amen.

Moes im dy ddwylo eto,
  Ac na chwanega'r cur,
A feiddi di anghofio
  Y cwmwl tystion pur
  Yng nghangell Ystrad Fflur ?

Y FEDW ARIAN

Rhag gwŷr glan y môr a'r marian
A'u sgwrs am y pres a helian'
Caf dro cyn hir gyda'm ffrindiau gwir
Ar dir y Fedw Arian.

Rhyw astalch i mi a tharian
Rhag Mamon a'i lu pan saethan'
Saethau gwenwynig hyd lannau'r môr
A fu dôr y Fedw Arian.

Bydd Anwen a Wil pan farian'
Y ddôr rhag y nos tu allan
Yn mynd dros aur pob rhyw awen glaer
Yn daer yn y Fedw Arian.

Nid bostio pa faint a warian'
Ond sôn am yr aur anniflan :
Telyn ar y llawr hyd doriad gwawr
A'u dawr yn y Fedw Arian.

A phan ddelo'r dydd pan garian'
Fy arch hyd y gwely graean,
O ! wynt rhwng y dail dyro f'awen i
A'i dyri'n y Fedw Arian.

ABERDARON

Pan fwyf yn hen a pharchus,
  Ag arian yn fy nghod,
A phob beirniadaeth drosodd
  A phawb yn canu 'nghlod,
Mi brynaf fwthyn unig
  Heb ddim o flaen ei ddôr
Ond creigiau Aberdaron
  A thonnau gwyllt y môr.

Pan fwyf yn hen a pharchus,
  A'm gwaed yn llifo'n oer,
A'm calon heb gyflymu
  Wrth wylied codi'r lloer ;
Bydd gobaith im bryd hynny
  Mewn bwthyn sydd â'i ddôr
At greigiau Aberdaron,
  · A thonnau gwyllt y môr.

Pan fwyf yn hen a pharchus
  Tu hwnt i fawl a sen,
A'n cân yn ôl y patrwm
  A'i hangerdd oll ar ben ;
Bydd gobaith im bryd hynny
  Mewn bwthyn sydd a'i ddôr
At greigiau Aberdaron
  A thonnau gwyllt y môr.

Oblegid mi gaf yno
  Yng nghri'r ystormus wynt
Adlais o'r hen wrthryfel
  A wybu f'enaid gynt.
A chanaf â'r hen angerdd
  Wrth syllu tua'r ddôr
Ar greigiau Aberdaron
  A thonnau gwyllt y môr.

TRESAITH

Beth sydd i'w weled yn Nhresaith
  Ym min yr hwyr, ym min yr hwyr ?
Yr eigion euog a'i fron yn llaith
Yn troi a throsi mewn hunllef faith ;
A hyn sydd i'w weled yn Nhresaith.

Beth sydd i'w glywed yn Nhresaith
  Ym min yr hwyr, ym min yr hwyr ?
Cri gwylan unig â'i bron dan graith
Yn dyfod yn ôl o seithug daith ;
A hyn sydd i'w glywed yn Nhresaith.

Beth sydd i'w deimlo yn Nhresaith
  Ym min yr hwyr, ym min yr hwyr ?
Calon alarus, â'i hiraeth maith
Yn sŵn y tonnau yn caffael iaith ;
A hyn sydd i'w deimlo yn Nhresaith.

DIANA

Ar noswaith loergan megis hon
  Gwelais hi dan y Penrhyn Coed.
Disgleiriai'r ewyn ar ei bron ;
  Gorweddai'i helgwn wrth ei throed

A chofiais am Actaeon gynt
  A'i ddarnio gan ei gŵn ei hun
Am feiddio troi o'i heliog hynt
  I syllu ar noethni'r deg ei llun.

Fe'm canfu ! Ffoais dros y traeth
  Heb dynnu ffun nes cael fy nôr ;
Ond rhuthro'n ffyrnig ataf wnaeth
  Ei gwaetgwn hi hyd lan y môr.

Rhuthro'n gynddeiriog, crafu'r gro
  A wnaent, a malu ewyn ffrom.
Ond llusgid hwy yn ôl bob tro,
  Ac udent hwythau yn eu siom ;

Oblegid cadwyn loergan wen
  A dynnai'n gaeth wrth wddf pob ci,
A phen pob cadwyn, gadarn, den,
  Yn ei deheulaw dirion Hi.

Y MÔR ENAID

Wrth rodio hyd y draethell,
　A'r ewyn wrth dy draed,
A glywaist ti'r Môr Enaid
　Yn cerdded trwy dy waed ?

'Glywaist ti'r gwynt cwynfannus ?
　Beth ydyw poen y lli ?
Fe wŷr y lloer, efallai,
　Ond ni wn i na thi.

Un hwyrnos gwelais yno
　Hen wreigen drist, ddi ddant ;
Ymsiglai, ac ymsiglai,
　Mewn ocheneidiau gant.

Dro arall clywais yno
　Gri miniog fel y saeth :
Un wylan yn yr awyr
　A'r broc yn hulio'r traeth.

Ac unwaith ar nos loergan,
　A'r môr yn arian byw,
Mi welais dros y tonnau
　Rywbeth fel Wyneb Duw.

CÂN YR HEN GAPTEN

Y môr yw f'unig gartref,
　A'i erwau f'unig stâd,
Y don yw f'unig wely llon,
　A'r lli yw f'unig wlad ;
Y lli yw f'unig wlad, co bach,
　A'i ryddid di wahardd ;
Ac ewyn lli fy lili i
　Mil gwynnach na rhai'r ardd.

Fy llong yw f'unig dyddyn ;
　Cerddais ar hyd ei garth
A'r hwyliau glân yn plycio'r gwlân
　O gefnau praidd y tarth :
O gefnau praidd y tarth, co bach,
　Cyn tynnu o'r ddrycin fry
(Fel fflam trwy wellt) welleifiau'r mellt
　O wain y cwmwl du.

Y storm yw f'unig famaeth ;
　Nid ofnais hon erioed.
A garo'i fam, gŵyr ef paham
　Yr hoffaf sŵn ei throed ;
Yr hoffaf sŵn ei throed, co bach,
　A phob ton megis bryn.
Pan ddaw'r hir hedd, fy unig fedd
　Fo bron rhyw foryn gwyn.

GADAEL TIR

Aderyn mwyn ar hwylbren ein llong,
  Paham na ffoi i dir,
A'n hwyliau'n llenwi gan y gwynt
  Am fordaith hir ?

Aderyn mwyn, taw â'th ganu llon,
  Fe ddaw'r ystormydd certh,
Ac er pob erlid ar y lan
  Clyd iawn yw perth.

Aderyn mwyn, gwrando gur y dwfn
  Yr ochor draw i'r Trwyn !
Ni welaist wae fel hwn erioed
  Mewn gwyrddlas lwyn.

Aderyn mwyn, ar dy adain lân
  Yn ffoi o'r dwfn yn ôl,
Rhy hwyr ! Ni chiliai'i gur o'th gân
  Na'r gwae fyth mwy o'th gôl.

AFALLON

Rhy hir yr ymdrechais yn erbyn y byd
Mae 'mreuddwyd yn chwilfriw a'm gobaith yn fud.
Mae ffynnon fy ngwaed tywalltedig yn sech.
Farchogion y Greal, mae'r byd yma'n drech
Na hyder yr ifanc—A myned yr wyf
I Ynys Afallon i wella fy nghlwyf.

Farchogion y Greal, ni chewch gan eich oes
Ond gwawd am eich breuddwyd, a fflangell a chroes.
Daw Medrawd neu Suddas i dorri'ch Bord Gron,
Ond ery'n ddi fwlch yn y Tir dros y Don.
Am hynny 'rwy'n myned yng nghuriad y rhwyf
I Ynys Afallon i wella fy nghlwyf.

Draw, draw dros y tonnau, fan honno mae'r tir
Lle daw holl freuddwydion yr ifanc yn wir ;
Gwlad heulwen ddi gwmwl, gwlad blodau di ddrain ;
Y wlad lle mae'r cleddyf am byth yn y wain.
Dan flodau'r afallen caf orffwys byth mwy
Yn Ynys Afallon, i wella fy nghlwy.

Y GWANWYN DU

Daw'r gwanwyn yn ôl i Eifionydd cyn hir,
A glas fydd yr awyr, a glas fydd y tir,
Glas fydd y cefnfor, ond du fydd fy mron,
Glas oedd y llygaid sy 'nghau dan y don.

Daw heulwen o'r nefoedd, daw blodau o'r pridd,
Blagur o'r fedwen, a glöyn o'r ffridd.
Daw'r wennol o bell i'w nyth uwch fy nôr ;
Ond ni ddaw fy nghariad o ddyfnder y môr.

Daw'r brithyll i'r afon, daw'r alarch i'r llyn,
Llinos i'r eithin, a chwcw i'r ynn ;
Rhedyn i'r mynydd, a meillion i'r ddôl ;
Ond ni ddaw fy llanc i Eifionydd yn ôl.

DE PROFUNDIS

Gwrandewais ar nant y mynydd yn wylo is helyg y pant ;
Deëllais y syndod sydd weithiau yn wyneb y plant ;
Darllenais gyfrinach y tonnau a thristwch y winllan bêr,
Ac yfais i'r gwaelod o gwpan gofid annelwig y sêr ;
A dyma beth ddysgais ganddynt, a hyn ddwed y gwynt
    uwch y ffos :—
Mai diwedd pob peth ydyw huno ar fron y dragwyddol nos.

'Rwy'n cofio mor las oedd ei llygaid (dwy ffynnon yn orlawn
    o serch) ;
'Rwy'n cofio'r briallu a'u heulwen yn gymhleth â thresi fy
    merch ;
'Rwy'n cofio mor uchel y chwarddem, wrth lidiart mynwent
    Tre Ddôl,
'Rwy'n cofio mor ddewr ein calonnau—dau gariad mor ifanc,
    mor ffôl ;
'Rwy'n cofio mor hy y sibrydwn yng nghlust fy anwylyd, fy
    nhlos :—
" O ! nid ydyw Angau ond hunllef a gilia pan gilia'r nos."

Fan yma yn nherfysg y gynnau 'r wy'n sefyll ar doriad y dydd,
Uwchben y mae'r nefoedd yn glasu, ond heddiw pa le mae
    fy ffydd ?
Daeth niwl dros y llygaid a gerais, daeth rhwd dros aur todd-
    aid ei gwallt,
A llwch ydyw'r gruddiau gusenais yng Nghymru is bedw yr
    allt ;
O ! er bod dy fynwes fel lili, ac er bod dy fin fel y rhos,
'Rwyt tithau'r un fach heddiw'n huno ar fron y dragwyddol
    nos.

O ! IESU CALFARIA

(Dressing Station, 86th Field Ambulance)

O! Iesu Calfaria, Waredwr y Groes,
Fe yfaist un amser o gwpan ein loes ;
Fe brofaist ein dolur, adwaenit ein cur,
A *erys* yr ôl wnaeth yr hoelion dur ?

O! Iesu Calfaria, Waredwr y Groes,
A weli Di'r difrod a wnaed ar ein hoes ?
A glywi Di gri clwyfedigion y glyn ?
Neu ai uwch ydyw cân dy angylion gwyn ?

O! Iesu Calfaria, Waredwr y Groes,
Os cymerth yr Arglwydd, yr Arglwydd a roes ;
Tosturia, 'r oedd ochain Twm bach yn fy nghlyw
Pan lefais " Paham y'm gadewaist, fy Nuw ?"

HIRAETH

(Er Cof am W. E. J., Cyfaill a Chyd-Gaplan)

Blagur Gwanwyn hyd y meysydd, blodau gwyn ar berthi Mai :
Cuddio drain mae'r blodau tecaf ; nid yw ing fy mron ddim llai.

Gwenyn Awst yn suoganu, adar haf yn odli hedd ;
O ! bydd terfysg gynnau Fflandrys yn fy nghalon i hyd fedd.

Ŷd yr Hydref dan y bladur, baich afalau'n crymu'r pren ;
Ond pan syrth blodeuyn cyn ffrwytho, a ddaw arfaeth Duw i
ben ?

Hwyl Nadolig ar yr aelwyd, chwerthin plant o gylch y tân.
Yntau 'mhell tan groes ddiaddurn yn y gwynt a'r eirlaw mân.

37

Y CYFRIF

(Er Cof am D. W.)

Cymer hi ynteu, Angau taer,
Ei llygaid glas a'i gruddiau claer,
—Tydi sydd drech na gofal chwaer,

A serch di gwsg ei phriod syn.
Caled fu'n hymdrech, hyd yn hyn.
Ond " Trechaf treisied," Deyrn y Glyn.

Pan glywn ei gwan guriedig gŵyn
Ymdrechwn gadw 'nghlomen fwyn
Rhag i'th grafangau brwnt ei dwyn ;

Ond cryfach oeddit na myfi,
Ac er fy mrwydr a'm chwerw gri
Tydi a orfu. Cymer hi.

A rŵan wedi'n hymdrech dost,
A ni'n cael ffwys i gyfri'r gost,
Ystyr dy ysbail a gwna fost :

Ystyr y gruddiau teg eu gwawr
A golau mwyn ei llygaid mawr ;
Tydi fydd biau'r rheini'n awr ;

Y dwylo a wnâi negesau'r Crist,
Y traed a gyrchai fwth y trist,
—Maent hwythau'n llonydd yn dy gist.

Ystyr holl fiwsig pêr ei llais
A greai wynfyd dan fy ais,
—Ysbeiliaist hwnnw trwy dy drais ;

Ei lluniaidd gorff,—sirioldeb clên
Ei chwerthin aur a'i phrydferth wên,
—Ti biau'r rheini, Gybydd Hen.

. . . .

Ond gwrando, Angau, Frenin Braw,
Ac ar dy ymffrost greulon, taw ;
Cans gwybydd beth *na* ddaeth i'th law :

Ni ddaeth i'th law mo'r enaid pur,
Na'r glendid nas difwyna cur,
Na'r cariad cywir fel y dur.

Clywaf ei henaid eto'n rhydd
Yn rhodio gyda'r awel ddydd
Gan sibrwd wrth fy nghalon—" Ffydd !"

38

Y mae ei glendid pur yn wyn
Ym mhob rhyw lili ar y llyn,
—Ac nid ym mynwent oer y bryn.

Gwelaf ei chariad ym mhob rhos
Abertha'i swyn i lenwi'r nos
A pheraroglau,—fel fy Nhlos.

Ni ddarfu'r cymun annwyl—Clyw !
Her it wahanu yn dy fyw
Y rheini a gysylltodd Duw !

Gan hynny, Angau, cymer di
Y wisg o gnawd a wisgai hi,
—Mae'i henaid beunydd gyda mi.

Y GARDDWR MWYN

John blannodd wely rhos fy ngardd
   A thocio trefn ar lawnt a llwyn,
Nid oes un hedyn bach na thardd
   Os bu tan law fy ngarddwr mwyn ;
Ac yn fy nghalon i'r un pryd
Plannodd ei gyfeillgarwch drud.

Cyd-blanio a chyd-blannu a fu,
   A chyd-ddyheu am ddyddiau braf,
A chyd-broffwydo am flodau lu
   I lonni 'ngardd pan ddeuai'r haf,
Rhagweld trwy'r gaeaf, ar ei lin,
Wyneb yr ardd tan heulog hin.

Heddiw, a'r gwanwyn wrth fy nrws
   Yn utgorn aur y daffodil,
A'r coed tan gynnar flagur tlws
   Yn moli'r tociwr craff a'i sgil,
Daeth ergyd. Clywais ei fod e',
Fy ngarddwr, wedi newid lle.

Ni'm ffaelodd i erioed o'r blaen,
   'R oedd ôl ei law ar ardd fu lom ;
Ar ei holl waith yr oedd rhyw raen,
   A chawsai lythyr, er fy siom,
Pe dwedsai'i fod am fynd ymhell
I weithio o dan feistr gwell.

Heb rybudd y'm gadawodd i
   Ar alwad o'r brenhinol blas
Sydd mewn gardd-ddinas dros y lli
   Lle tyf claerwynnaf lili gras.
Dim ond i Frenin yr ardd hon
Yr ildiwn i fy ngarddwr John.

" BEDDAU A'U GWLYCH Y GLAW."

Dan law digalon Fflandrys
　Pwy biau'r beddau hyn ?
Rhyw hogia' bach o Gymru
　Sydd dan y croesau gwyn.

Pa beth a'u tynnodd yma
　I wlad estroniaid pell ?
Breuddwyd am Armagedon
　A Heddwch llawer gwell.

Ond beth yw'r sŵn morthwylion
　Trwy ddrws y ffatri dân ?
Och ! Duw a helpo'r hogia,
　Malurio breuddwyd wnân',

Ond dynion ydyw dynion
　Felly ar bwy mae'r bai ?
Diolch na chlywant hynny
　Tu hwnt i'w dorau clai.

A Duw Ei Hun a ddiddano
　Y rhai a ddaeth yn ôl
I wrando'r dur forthwylion
　Yn dryllio'u breuddwyd ffôl !

FFRIND Y DELYN

(Hugh Jones, Trefor Wen)

Clywais ehedydd heddiw
　Yn canu'n entrych nen
A haul yn hollti'r cwmwl
　Uwch erwau Trefor Wen ;
Cydgordio 'roedd y cwafrio cu
A thelyn bachgen yn y tŷ.

Fe ganai yr ehedydd
　Am ŵr fu'n troi a hau
Y meysydd glas, gwanwynol,
　A'i lafur yn parhau
Er bod yr heuwr tan y gŵys,
A dwylo dau ar dannau dwys.

Fe ganai yr ehedydd
  Am ŵr a hoffai gân
A miri maes eisteddfod,
  A thelyn Cymru lân,
Gŵr a ofalodd, cyn ei fynd,
Y caffai honno'i fab yn ffrynd.

Fe ganai yr ehedydd
  Am ŵr fu hael ddi-dawl,
Un mynych ei gymwynas,
  A'i fywyd fel ei fawl,
Anwylyd serch ei fab a'i wraig,
A ffydd ei grefydd ar y Graig.

Ac yno wrth im wrando
  Y gân o entrych nen,
A haul yn hollti'r cwmwl
  Uwch galar Trefor Wen,
Tebygwn weld pelydryn claer
Yn fflachio ar y Delyn Aur.

AR FORE PASG

Dywedant mai breuddwydio yr wyf
  Wrth sôn am Iesu Bore'r Pasg ;
" Pwy byth a gwyd o farwol glwyf
  A gafael eilwaith yn ei dasg ?"
    Minnau ni throf i'm gardd o'u sen
    Heb weld a welodd Magdalen.

Dywedant : " Creulon iawn yw Ffawd
  A chloeon Angau fel y dur.
A rhag tynghedfen pob rhyw gnawd
  Diflannodd Yntau wedi'r cur."
    O Ddeillion ! Gwelaf E'n barhaus
    Yn torri'r bara yn Emmaus.

Dywedant : " Distaw iawn yw'r bedd.
  ' Llais un gorthrymydd byth ni ddaw '
I dorri ar beraroglus hedd
  Y proffwyd wedi awr y praw."
    Fyddariaid ! Clywaf oslef fwyn
    Beunydd yn dwedyd, " Portha f'ŵyn."

O Iesu, fy Nghydymaith Pur
  Sydd wrth fy ystlys gam a cham,
Syn gennyf weld cynddaredd gwŷr
  Ar ffordd Damascus eto'n fflam.
    Mi wenaf am eu hanghred sen ;
    Ond O ! tosturia wrth eu cen.

41

Y NASAREAD

Darllenais am danat, fy Arglwydd,
   Yn troi dwfr Cana yn win.
Ond clywaf Dy fod Di heddiw
   Yn llwyrymwthodwr blin.

Darllenais it gymryd yn bulpud
   Y mynydd neu lan y môr.
Trown ninnau o'th heulwen i gapel
   Dan gau pob ffenestr a dôr.

Darllenais Dy fod yn gyfaill
   Sacheus a Magdalen.
Gwnawn weithiau Sacheus yn flaenor ;
   Arni hi fe boerwn ein sen.

Darllenais Dy her im ymgolli
   Fy hun er Dy Deyrnas Di.
Ymholi mae D'etholedigion
   " A gedwir fy enaid i ?"

O Iesu y Nasaread,
   Pe deuit heddiw i'n byd,
Dy wrthod a gaet Ti eto
   Heb it agor ein llygaid ni i gyd.

YR HEN YSGOL WRTH Y NEWYDD

Sefwch, fechgyn gwyllt ! Gwybyddwch
Y mae dydd i ddod pan fyddwch
Fel nyni mewn blin lonyddwch
   Wedi oeri o'r ifanc waed,
   Wedi blino o'r buain draed.
   Ac yn nyddiau eich sarhaed
Chwithau hefyd a geryddwch.

Bydd eich cerddi'n rhy hynafol
Gan y gwŷr a ddeil y dafol,
Dim ond aeron y criafol
   Yn lle rhos y gwanwyn chweg.
   Ac i'r newydd do annheg,
   Pethau dof a fydd eich rheg
A'ch sgrifennu " diawl " am " diafol."

Wrth eu cerddi newydd llawen
Bydd eich cân fel gwynt drwy'r ffawen.
A phryd hynny, o dan y grawen,
  Byddwch chwi a ni'r un radd.
A groesawai'r dywyll wadd
  Y Prydferthwch sy'n ei lladd
Fwy na ninnau haul yr awen?

Y CEFFYLAU BACH

Dyma hwy'n ail gychwyn,
Unwaith eto'n barod i droelli o gwmpas y cylch,
Cylch anferth y flwyddyn gron.
" Brysiwch ! " meddai dyn y sioe,
" Brysiwch, foneddigesau a boneddigion !
Cymerwch chwi, syr, y ceffyl allan,
A thithau y ceffyl bychan.
Madam, y motor i chi !
A thithau, 'ngeneth lawen, ti gei strancio ar gefn y ceiliog.
Pawb drosto'i hun am y gweddill.
Rŵan ta, i ffwrdd â ni
Ar wib fel cath i gythraul ! "

Ho ! Dyma awyr iach ! Yfwch hi ; drachtiwch feddwdod
Ein cyflymder ofnadwy !
Gwrandewch ar y miwsig yn chwyddo.
A'n hoes megis Ffair Bentymor,
Meddwdod a miwsig a gwib,
Ymlaen â ni, ymlaen,
Gwib, a miwsig a meddwdod !

Ond,
Ar ddamwain edrychais i ganol peirianwaith ein " ceffylau
        bach " ;
A gwelais lafurwr lluddedig
Yn troi a throi ar olwyn,
A chwysai a thagai wrth droi,
A thröai a thröai'n ddiderfyn.

A phan ddëellais mai hwn
A'i chwŷs oedd pris ein cyflymder,
Ac mai ar ei olwyn greulon y dibynnai
Ein hwyl a'n miwsig,
Meddyliais y bai'n well gennyf gael disgyn.
Ond yr oeddym yn mynd yn rhy gyflym.

43

MALARIA

Heddyw 'rwy'n syfrdan ar fy nhraed :
Mae tân y clefyd sy'n fy ngwaed
Yn llosgi yn fy llygaid coch ;
Mae hithau bron yn un o'r gloch ;
Marweiddir popeth gan y gwres,
(Rhegais y gwybed yn ddi les).

O ! Duw faddeuo'r geiriau blin
A'r gwatwor ffôl sydd ar fy min.

Wrth drosi ar fy ngwely 'n awr
Beth waeth gen i am Brydain Fawr ?
Beth waeth gen i pwy gaiff Alsace,
Neu pwy reola'r moroedd glas ?
Beth waeth gen i am Gymru chwaith ?
('D oes neb yn gweld fy ngruddiau llaith).

Mae Gogledd Cymru'n goeg a balch,
Tu fewn yn lo, tu faes yn galch.
Ac nid oes barch i bethau'r Ne'
Gan nemor neb o wŷr y De :
Ym Merthyr ac yn Aber Nant
Mae llw tafarndai'n iaith y plant ;
A threngodd tlotyn, clywais sôn,
Gadd swllt gan un o ffermwyr Môn.

Cedwch eich gwlad, ond rhowch i mi
Un rhandir annwyl ger y lli ;
A ddof fi rywdro'n ol i Lŷn
Lle mae fy nghartref i a'm mun ?
'Does yno neb yn wael ei wedd—
Mae yno hedd, mae yno hedd.

Tybed y cawn ni fynd ein dau
Ryw ddydd fel cynt drwy'r llwyni cnau ?
A rodiwn ni eto, dlysaf un,
Yn law yn llaw trwy lwyni Llŷn ?

Pe cawn i fêl yr Eifl yn fwyd
I roddi lliw ar ruddiau llwyd,
A chusan gan y deg ei gwedd,
Mi ddown yn ôl o byrth y bedd.

Ond heddiw egwan yw fy nhraed,
Mae fflam Malaria yn fy ngwaed,
A Duw faddeuo'r geiriau blin
A'r gwatwor ffôl sydd ar fy min.

Y TROICA

(Cerbyd Rwsia)

(Cân ar awgrym gan Gogol (1809-1852) yn ei nofel " Eneidiau
Meirwon.")

Ymlaen yn ein troica mor gyflym â'r gwynt
A'r tri march ar garlam ynghynt ac ynghynt :
Ymlaen, a fforestydd ar wib ar bob llaw,
Pob clawdd yn chwyrlïo, pob pentref mewn braw ;
Ymlaen a'r pedolau'n ergydio fel gordd,
Ymlaen, a'r ysbeilwyr yn llamu o'n ffordd,
A'r meirch yn y barrug yn mygu fel cyrn,
Pa Rwsiad na chanai mewn cerbyd mor chwyrn ?

Y troica, y troica, chwyrn gerbyd fy ngwlad !
Fe'th anwyd o enaid fy mhobl—a'u mwynhad
Mewn sgubo ehangder di-derfyn ein paith
Heb gyfrif ar gerrig milltiroedd y daith.
Yn glos y'th gyplyswyd, heb sgriwiau o ddur,
Gan saer gwlad â'i fwyall mewn cariad a chur
Yn drwsgwl a garw. Er hynny, pan gân
Y gyrrwr i'w feirch, 'rwyt ti'n gerbyd o dân.
Fflach cylch dy olwynion a'u ffyn fel un yw,
Ac ysbryd o'u mewn megis ysbryd peth byw.

A thithau, fy Rwsia, chwyrnelli ymlaen
Fel troica di-atal, a'th glodydd ar daen.
Tan garlam dy feirch fe gryn henbont y ddôl
A llithra'r hen bethau i'r niwloedd o'u hôl.
Mae'r mellt yn eu mwng, ac mae'r gwynt yn eu gwaed
Ac angerdd dy gân megis trydan i'w traed.
Ar ystlys dy gerbyd mae Cryman a Gordd,
Ysbeilwyr y ddaear, Hai ! Cliriwch o'r ffordd.

YN Y DDAU FUNUD DISTAW

" . . . a'r nerth a'r gogoniant yn oes oesoedd.   Amen."

A chaeodd y distawrwydd megis llen
A'i godre'n siffrwd, siffrwd am bob un
Oedd wrth y Maen ;—pawb â'i feddyliau'i hun :

Dau funud distaw, Arglwydd clyw fy llef
A helpa fi i—Dyna gloc y dref
Yn taro'n hwyr fel arfer.   'Fyddai waeth
Bod rhywun wedi ei drin cyn heddiw.   Chwaeth !
Pwy fyth a'i dysg i'n Cyngor ?—Sut 'r aeth hwn
Erioed yn Faer ?   Ond heliodd bres, mi wn,
Yn nyddiau braf y Rhyfel.   Cwestiwn taer
Sydd ar ei wyneb,—Ie, Mistar Maer,
Be' sy'n eich meddwl chithau ?—Ydych wir,
Yr ŷch-chi'n grand mewn mantell sgarlad hir . . .

" A mantell ysgarlad a chroes o bren ir,
Y gorsen a'r bustl a'r hoelion o ddur,
Pwy feiddiai gymeryd fath arfau â rhain
Yn erbyn llu uffern ? " . . . .

                              Mae'r gwifrau fel drain,
A ninnau'n eu trwsio ar warthaf y ffos,
Huw Tomos a minnau tan gysgod y nos.
Tân-belen !—Fe ddisgyn fy ffrind wrth fy nhraed,
A'i fantell ysgarlad yw mantell ei waed.

. . . .

Tewch, Utgyrn !   Na lusgwch fi'n ôl at y byw,
Rhowch ddau funud tanbaid i'm henaid a Huw.

MÊL I FRECWAST

Heddiw i frecwast bwytëais . . fêl. Wrth ei flas fe ddiflannodd
Heli awelon y môr llwydwedd trwy ffenest fy nghell,
Heli o'r môr lle mae'r dewrion y funud 'ma erom yn suddo
—Hogiau Pwllheli a Llŷn—a'u llongau yn deilchion ar daen.
Toc wrth ei flas fe ddiflannodd stori fy mhapur darluniau,
—Chwalfa tân-belen a bom,—" ond nid yw'n colledion mor
            drwm."
Darlun o laslyn a welwn,—hirddydd o haf yn consurio
Porffor lechweddau i'w ddrych . . Ai mil o flynyddoedd yn ôl?

Ninnau ar glogwyn cadeiriog, grug trosto'n hugan symudliw,
Hugan gorseddfainc i ddau draw uwch cymhelri'r holl fyd.
Meddwol oedd safwyr y neithdar, rheiol oedd porffor pob ffiol,
Meidrol, pe caffai ond dal gemwaith mor goeth wrth ei fin,
Yntau am ennyd a brofai heddwch difesur y duwiau,
Heddwch uwch cyrraedd y boen erchyll yn nhwymyn y byd.
Eto gocheled ! Gocheled ! Tâl yn ddiderfyn mewn hiraeth,
Hiraeth am ennyd o nef na ddaw i'w fywyd byth mwy.

Yno, a'i gwallt yn y rhedyn, a blodau'r grug rhwng ei dannedd,
Cusan fy nghariad oedd bêr ; mêl a ddiferai o'i min ;
Pêr megis gwinoedd y duwiau ar borffor glustogau Parnasws
Mewn byd heb na magnel na bom.—" Oes mil o flynyddoedd
            er's hyn ?
Yno yn heddwch y mynydd angerdd y grug oedd i'w chariad :
Yswyd ym mhorffor ei fflam bob rhyw amheuon ac ofn.
Rhyfel ni byddai ddim mwyach byth, na'i wallgofrwydd
            dinistriol,
Ffydd ni bu laned â'i ffydd, na serch cyn dirioned â'i serch.

Chwerthin a wnaem-ni wrth ddisgyn derfyn y dydd i blith pobol,
Chwerthin i gelu'r fath rin wrth ddweud ein ffarwél ger y trên,
Chwerthin trwy ddagrau er hynny, a'r lleill yn brygawthan am
            " Munich."
Duw ! onid dewr oedd ei llais pan lefodd-hi " Hwyl ! " ar fy
            ôl.
Hwyl ! . . Ond pa hwyl a adawyd eto mewn byd aeth yn wall-
            gof ?
Candryll yw breuddwyd y ddau a yfodd o winoedd y nef
Ym mhorffor y bryniau persawrus, draw uwch terfysgoedd y
            ddaear,
Fil o flynyddoedd yn ôl . . . Heddiw bwytëais fêl grug.

47

YR YSBRYD SANCTAIDD

Pan ddaw yr Ysbryd Sanctaidd, fe ddaw fel nerthol wynt
Yn rhwygo drwy'r fforestydd ac yn rhuo ar ei hynt.
Ac os byddi yn y Corwynt pan fo'r coed fel tonnau'r môr
Cura d'enaid megis pennwn o flaen anadliadau'r Iôr,

Nes hwylio fel yr eryr ar y storm i entrych nen
Ag angerdd y tymhestloedd yn utganu uwch dy ben.
Ac yno'n fud gwrandewi, os gwrandewaist yn dy fyw,
Rhag colli dim o'r miwsig sydd yn chwiban fflangell Duw.

Draw, draw ymhell o danat fe fydd tonnau'r moroedd gwyllt
Yn peuo megis teirw ac yn cornio'u creigog fyllt.
Ond bydd meibion Duw'n cytganu a gorfoledda'r sêr,
Canys wele at ddyn meidrol daeth gair yr Uchel Nêr.

Pan ddaw yr Ysbryd Sanctaidd fe'th gwyd i entrych nen
Ac yno ti gei weled Yr Arglwydd heb un llen :
Ac nid ymgedwi mwyach rhag dwyn croesau dynol ryw
Ar ôl gweld Y Groes Dragwyddol sydd ynghalon Cariad
       Duw.

Canys genir di o'r newydd yng nghariad Duw yn frawd
I'r gwael a'r gwrthodedig, i'r truan ac i'r tlawd.
Ac fe ddaw yr oruchafiaeth pan glywi sêr y nos
Yn ymbil dros dy frodyr ac yn crefu arnat, " Dos ! "

Pan ddaw Yr Ysbryd Sanctaidd, fe ddaw fel nerthol wynt
Yn rhwygo drwy'r fforestydd ac yn rhuo ar ei hynt.
A'r gwŷr sydd yn y Corwynt, pan fo'r coed fel tonnau'r môr,
Mae'u heneidiau fel plu'r gweunydd yn anadliadau'r Iôr.

SALAAM

Ni wn i am un cyfarchiad gwell
Nag a ddysgais gan feibion y Dwyrain pell.

Cyn ymadael dros dywod yr anial maith
Bendithiant ei gilydd ar ddechrau'r daith,

Pob un ar ei gamel cyn mentro cam
Tua'r dieithr ffin lle mae'r wawr yn fflam,

Â'i law ar ei galon, " Salaam " yw ei gri,
—Tangnefedd Duw a fo gyda thi.

Lle bynnag y crwydri, er poethed y nen,
Boed Palmwydd Tangnefedd yn gysgod i'th ben.

Lle bynnag y sefi gan syched yn flin,
Boed Ffynnon Tangnefedd i oeri dy fin.

Lle codech dy babell i gysgu bob hwyr
Rhoed Seren Tangnefedd it orffwys yn llwyr.

Pan blygech dy babell ar doriad pob dydd
Doed Awel Tangnefedd ag iechyd i'th rudd.

A phan ddyco Alah ni i ddiwedd ein rhawd,
Cyd-yfom yn Ninas Tangnefedd, fy mrawd.

. . . .

Ni wn i am un cyfarchiad gwell
Nag a ddysgais gan feibion y Dwyrain pell ;

A'u dymuniad hwy yw 'nymuniad i
—Tangnefedd Duw a fo gyda thi.

Y DOETHION

Gadawsom gell y dwyrain pell a bywyd inni'n dreth,
Mae'r gwir mor gudd, a'r gau mor brudd yng ngeiriau
     Kohelêth ;
Er llafur blin uwch memrwn crin trwy aeaf a thrwy ha',
Ni wyddem am un rheswm pam dros garu'r gwir a'r da.

Cyfodi'n trem o'n siomiant lem i 'mofyn pleser poeth ;
Ymlaen â'r ddawns a'r chware siawns, yr ynfyd, fe sydd
     ddoeth ;
Ond yswyd cân llys y Swltân o flaen gwahanglwyf erch,
Pob lliain main, pob darlun cain, a'r gwin o fin y ferch.

Ac wedi ffoi oddi yno troi ein golwg tua'r nef,
Nes daeth o'r nos un seren dlos i'n tywys ato Ef ;
A than bob bron (O ! brofiad llon) rhyw lais o sicrwydd
     clir :
" Y sawl a ŵyr mor lân yw'r hwyr mae hwnnw ar lwybr y gwîr."

Dros lawer tir a'r seren glir yn mynd o'n blaen o hyd
Nes dod i'r lle'r oedd Baban Ne' a'r preseb iddo'n grud :
O ryfedd hedd oedd yn ei wedd a'i ddiniweidrwydd iach !
Goleuni Duw ar fywyd yw y sêr a'r plentyn bach.

Y SANTES ANN

Y Santes Ann, tosturia wrthym ni ;
Claear yw'n serch yng ngolwg Calfari,
Cyffwrdd ni eto â marwor d'emyn di.

O feiddgar ferch, a'th ysbryd yn fflam dân,
Trwy rym gwefreiddiol dy gyfriniol gân,
Trwy'r eryr ynot, a thrwy'r g'lomen wen,
Trwy wres y weddi a'th godai o'r eira i'r nen,
Trwy'r deall gloyw fel tywyniadau dydd,
Trwy fflam dy obaith, a thrwy fflam dy ffydd,
Trwy fflam angerddol dy holl gariad drud
At Rosyn Saron, uwch gwrthrychau'r byd,
Trwy'r cusan ias a'th gipiodd ato Ef,
O freichiau Angau i freichiau Twysog Nef,
Byth mwy i gyd-dreiddio'n danbaid gyda'r côr
Yn un o wynfydedig saint yr Iôr :
Diddyfna di'r genhedlaeth lygoer hon
Oddi ar hesb fronnau'r greadigaeth gron
I ddrachtio, gyda thithau'n ddwfn, ddi-lyth,
O'r un ffynhonnell cân a bery byth :
Dal i ryfeddu am Fethlem ddyddiau'n hoes,
A dal i wlychu'n tamaid wrth y Groes,
Gweld môr ei ryfeddodau ym mhob man
A hwnnw heb waelod, terfyn byth, na glan.

Ymhlith diderfyn ryfeddodau'r Nef
Tragwyddol sylli ar ei Berson Ef
Gan ddwyn dy ffïol aur—frawychus fraint,
Llawn arogldarthau llosg gweddïau'r saint.

Trwy'r anwahanol undeb sydd yn awr
Rhwng Dolwar Fach a'r Atgyfodiad Mawr,
Ystyria wrth Gymru a'i haul ar fynd i lawr.
Nychu mae'n crefydd,—eisiau d'angerdd di ;
Claear yw'n serch yng ngolwg Calfari.
O ! Ann Fendigaid, eiriol trosom ni.

I DAVID LLOYD GEORGE

*ar orffen ohono 40 mlynedd yn Aelod Seneddol dros
Fwrdeisdrefi Arfon.*

Nid pan oedd pawb yn canu clod
   Dy lygaid clir a'th ddiogel law,
Pan grynai'r ddaear ar ei rhod
   Yn rhu y gynnau poeth, di-daw,
     Ond heddiw, wedi'r ofn a'r cur,
     Mae calon Arfon iti'n bur.

Beth os bu Lloeger wedi'r tro
   Yn galw d'enw uwch y gwin
Gan dyngu nad âi byth o'i cho
   Dy lafur mawr yn nydd y drin ?
     Byr iawn yw diolch estron wŷr,
     Mae calon Arfon eto'n bur.

Onid hi a wybu rin dy lais
   Gyntaf i galonogi'r gwan
Pan gwympai tyrau cestyll trais
   Gan lef dy utgorn ar ein rhan ?
     I'w marchog ifanc yn ei ddur
     'Roedd calon Arfon fyth yn bur.

Tynnaist gynddaredd byd i'th ben
   Am ddadlau dadl yr hen a'r tlawd,
Troit i Eryri rhag pob sen,
   Lle 'roedd dy asgwrn di a'th gnawd,
     Chwerddit uwch gwawd gelynion sur
     A chalon Arfon iti'n bur.

Arwain ni eto ar flaen y gad
   Tros Gymru rydd mewn deddf ac iaith,
Ac ennill fendith dy hen wlad
   Yn goron fythol ar dy waith,
     A thra bo'r môr i Gymru'n fur
     Deil calon Arfon iti'n bur.

CANIGAU AR ALAWON GWERIN

Y FERCH O DY'N Y COED

(Y pennill cyntaf yn draddodiadol)

Mi fûm yn gweini tymor
Yn ymyl Ty'n y Coed.
A dyna'r lle difyrra
Y bûm i ynddo 'rioed :
Yr adar bach yn tiwnio
A'r coed yn suo 'nghyd.
Fy nghalon fach a dorrodd
Er gwaetha'r rhain i gyd.

Mi 'listia'n ffair g'langaea
Os na ddaw petha'n well.
Mi gymra'r swllt a hwylio
Am lannau'r India bell.
Mi ffeiria diwnio'r adar
Am sŵn y bib a'r drwm.
Mi ffeiria'r coed a'u suon
Am su'r pelennau plwm.

A phan ga i fy saethu
Bydd hancas sidan wen
Yn goch uwch clwyf fy nghalon,
O ! ewch â hi at Gwen.
A dwedwch wrth ei rhoddi
Yn llaw'r greulona 'rioed :—
" Gan Wil fu'n gweini tymor
Yn ymyl Ty'n y Coed."

52

MARWNAD YR EHEDYDD

(Y pennill cyntaf yn draddodiadol)

Mi a glywais fod yr 'hedydd
Wedi marw ar y mynydd.
Pe gwyddwn i mai gwir y geiria',
Awn â gyr o wŷr ag arfa'
I gyrchu corff yr 'hedydd adra'

Mi a glywais fod yr hebog
Eto'n fynych uwch y fawnog,
A bod ei galon a'i adenydd
Wrth fynd heibio i gorff yr 'hedydd
Yn curo'n llwfr fel calon llofrudd.

Mi a glywais fod cornchwiglan
Yn ei ddychryn i ffwrdd o'r siglan
Ac na chaiff, er dianc rhagddi,
Wedi rhusio o dan y drysi,
Ond aderyn y bwn i'w boeni.

Mi a glywais gan y wennol
Fod y tylwyth teg yn 'morol
Am arch i'r hedydd bach o risial,
Ac am amdo o'r pren afal,
Ond piti fâi dwyn pob petal.

Canys er mynd â byddin arfog
Ac er codi braw ar yr hebog,
Ac er grisial ac er bloda',
Er yr holl dylwyth teg a'u donia',
Ni ddaw cân yr hedydd adra'.

TRAFAELIAIS Y BYD

(Y pennill cyntaf yn draddodiadol)

Trafaeliais y byd, ei led a'i hyd,
Pan oeddwn yn ifanc a ffôl ;
Bydd glaswellt dros fy llwybrau i gyd
Cyn delwyf i Gymru'n ôl.

> *Cyn delwyf i Gymru'n ôl, fy ffrinds,*
> *Cyn delwyf i Gymru'n ôl,*
> *O ! bydd glaswellt dros fy llwybrau i gyd,*
> *Cyn delwyf i Gymru'n ôl.*

Pe cawn i'n awr adenydd y wawr
Mi hedwn i fryniau fy ngwlad
I weld y rhosod cochion mawr
Ar fwthyn fy mam a 'nhad.

Ni choeliwn gynt a 'mhen yn y gwynt
Fod baich o hiraeth mor drwm ;
Cawn daflu'r baich i'r llif ar ei hynt
Pe safwn ar Bont y Cwm.

Ffarwel fy nhad, ffarwel fy mam,
A heno rhowch follt ar y ddôr ;
Ffarwel i'r eneth fach, ddi nam,
Sy'n wylo ar lan y môr.

CÂN Y CARCHAROR

(Ar alaw De Affrig " San Mari ")

Mae 'nghalon yng Nghymru b'le bynnag yr af,
    Byth nid anghofiaf hi,
Tan gorwynt y gaeaf, tan heulwen yr haf,
    Yno mae 'nghalon i.
Awelon na rwystrir gan wifrau di-wad
    Cludwch ei chân i'm clyw.
Mae hiraeth Cymro'n gwibio fyth at fryniau ei wlad,
    Yno mae Mari'n byw.

Er carchar y gelyn o'm cwmpas sy'n cau,
    Rhed fy meddyliau'n rhydd,
Er gwylwyr y gelyn o'm cwmpas sy'n gwau,
    Dianc a wnaf bob dydd.
Mae gobaith cymrodyr ar drengi bron,
    Trengi fel rhosyn gwyw,
Ond canaf gerddi Cymru nes bo'n hysbryd eto'n llon,
    Yno mae Mari'n byw.

Mae Mari mor dirion, mae Mari mor lân,
    O ! mae'i llythyrau'n fwyn.
Wrth foli briallu y Gwanwyn ar gân
    Molaf ei serch a'i swyn.
O ! pan ddelo'r rhyfel a'i boen i ben,
    —Gwrando fy llef, O Dduw
A dychwel finnau eto'n ôl i Gymru fach, wen,
    Yno mae Mari'n byw.

AR GYNGHANEDD

SERENÂD MITYLINI

(Yn ôl Saffo)

Hyd forfin Mitylini
Olew llosg sy'n hulio lli.
O'r hwyliau cilia'r heulwen,
A'r nos a esgyn i'r nen.
Y deial aeth yn dywyll ;
Sawyr gwair sy ar y gwyll.
Yn gynnes trwy'r ffenestri
Chwery lamp â chwrel li.

Dychwel y plant o'u hantur,
Ceith a ollyngir o'u cur.
Disgyn y gwenyn i gwch,
A daw eilwaith dawelwch.

Weithian daw sibrwd tawel
(Murmuron dwy galon gêl)
Im o'r gwyll
        A ! dyma'r gwin
A dywallt ffiol dewin.

Ond ust ! Camre'n yr heol !
Ac un â thelyn i'w gôl ;
A thon traserch o'i thannau
A llais y gŵr yn llesgáu
Nwydau f'ais.
        Fwyned efô
Â Seffyr ar hwyl Saffo
Yn y bae.   Ond rŵan bydd
Yn sturmant i ystormydd
Nwydau gwyllt enaid y gŵr ;
Ei draserch droes yn dreisiwr.

Pwy a faidd â'i gân dreiddio
Pared, a chlicied, a chlo,
I eigion fy nwyfron i ?
—Telynor Mitylini.

CYWYDD Y MORDAN

(Bae Dinas, Y Marian Glas)

Gwelais dyneraf golau
Heno ar bob ton o'r bae,
Llanw nos, fel lliain iesin,
Yn dwyn broc yr heulog hin ;
Ton beisfor yn ffosfforig,
Lluman brwd, llamai'n ei brig
I wyll y traeth, lle y try
Cawod emau'n codymu.

Taenu gwawr is ton goror ;
Tanio mellt is tonnau môr ;
Tynnu lloer is tonnau lli,
Tynnu heulwen tan heli :
Fel gleiniau duwiau dewin,
Pelydrau mewn gwydrau gwin,
Neu berlau pob lliwiau llon
Ar fronnau morforynion.

Araf bysgodwr hwyrol
Ar fae 'n aur a rwyfai'n ôl,
Gilt ei rwyd fel gwawl trydan,
A phlwm a lein yn fflam lân ;
Ei gwch yn eurfflam i gyd,
A'i rwyfau'n dân aur hefyd—
Yn eurgain deuai'n dawel
Ar ei gwrs o wenfro gêl.
Minnau, dychwel i'm hannedd
Tan gyfriniol hwyrol hedd.

Bu hiraeth, wedi berroes
Yn nhes haul cynnes eu hoes,
Am rai a'm carai. Daeth co'
O'u tân hoen fel ton heno,
A honno'n don o dyner
Atgofion tan swynion sêr.

Er i'r nos doi'n ddu drostynt,
Daeth golau o'u golau gynt
Cyn eu troi o ddrycin traeth
I'r môr elwir Marwolaeth.

Gwelais dyneraf golau
Heno ar bob ton o'r bae.
Yn eurgain deuai'n dawel
Ar ei gwrs o wenfro gêl.

57

ENGLYNION :

BEDDARGRAFF CYBI

Meudwy tan hud goludoedd—llenyddiaeth,
Llonyddwyd ei gelloedd ;
Rhan o wyrth yr hen nerthoedd
Yn nydd aur Eifionydd oedd.

Ar Faen Grid-Nwy Gogledd Cymru ar lan Menai.   *Dadorchuddiwyd*
Tachwedd 28, 1957

O ddyfod yma'n ddifai—drwy Fôn dir
Afon dân, gudd siwrnai,
Rhoed maen uwch ffrydiau Menai :
Afon Ei Drefn ni fyn drai.

EMYNAU

CYFAMOD HEDD

Ysbryd Duw, a fu'n ymsymud
  Dros ddyfnderau'r tryblith mawr,
Nes dwyn bywyd a phrydferthwch
  Allan i oleuni'r wawr ;
Dros y byd a'i dryblith heddiw
  Chwŷth drachefn, O Anadl Iôr,
Nes bod heddwch fel yr afon,
  A chyfiawnder fel y môr.

Ysbryd Duw, yng nghwlwm cymod,
  Ac yn rhwymau Cariad Rhad,
Cydia galon mwy wrth galon
  Cydia wlad ynghlwm wrth wlad ;
Dyro inni edifeirwch
  Am bob cas a malais trist,
Côd ein golwg oddi wrth hunan
  At orwelion Teyrnas Crist.

Ysbryd Duw, er mwyn y beddau
  Ar bellennig fryn a phant,
Ac er mwyn calonnau ysig,
  Ac er mwyn ein hannwyl blant,
Ac er mwyn yr Hwn weddïodd
  Dros elynion dan Ei glwy,
Tro'n hwynebau i Galfaria
  Fel na ddysgom ryfel mwy.

EMYN GŴYL DEWI

Tydi, O Dduw, a beraist
  Dy foliant ym mhob iaith,
Ac ym mhob gwlad a godaist
  Broffwydi at dy waith ;
Clyw foliant Gwlad y Bryniau
  Ar dafod ac ar dant
Am anfon atom ninnau
  Golomen Dewi Sant.

Trwy'n gwlad tramwyodd d'Ysbryd
  O'i mynydd hyd ei môr,
Disgleiria blodau'r gwynfyd
  Yn llwybrau Saint yr Iôr.
O Luniwr Glân yr eirlys
  A chennin aur y pant,
Gwna di'n bywydau'n ddilys
  Fel Buchedd Dewi Sant.

Y pethau bychain hynny
  A welsom ganddo ef,
O dyro ras i'w dysgu
  Yn awr er Teyrnas Nef,
Rhag awel bêr Glyn Rhosyn
  Gwasgarer llid a chwant,
Nes uno'n gwlad yn rhwymyn
  Brawdoliaeth Dewi Sant.

Rhoist lamp y Gair i arwain
  Ein gwlad trwy'r hirnos ddu ;
Ar weddi'r saint bu d'adain
  Tros fywyd Cymru Fu,
O Arglwydd Dduw ein tadau
  Bydd eto'n Dduw eu plant,
A chadw'n Cymru ninnau
  Yn Gymru Dewi Sant.

SALM Y BUGAIL

Yr Arglwydd yw fy Mugail cu,
　　Am hynny llawenhaf,
Gorffwysfa deg mewn porfa ir
　　Ger dyfroedd clir a gaf.

Ei ofal Ef sy'n adfywhau
　　Yr enaid mau bob awr,
Hyd union ffordd y deil i'm dwyn
　　Er mwyn ei enw mawr.

Er rhodio Glyn y Dychryn Du
　　A'r niwl o'm deutu ar daen,
Os oes gelynion yno ynghudd,
　　Y Bugail fydd o'm blaen.

Fe'm dwg i'w babell rhag eu clwy
　　At arlwy rasol iawn,
Pêr olew croeso fydd fy rhan
　　A gwin mewn cwpan llawn.

Daioni 'Mugail sy'n parhau
　　A'i drugareddau i gyd,
A byth ni dderfydd croeso'r wledd
　　Yn hedd ei babell glyd.

EMYN JIWBIL CAPEL

O Arglwydd, â diolch y deuwn i'th byrth.
Dy sylfaen ni sigla, Dy golofn ni syrth.
Hoff gennym bob carreg mor deg yn Dy dŷ,
Fe'u gwnaeth Dy fendithion i'r galon mor gu.

Yn fore estynnaist i'n tadau y fraint
O godi Dy demlau, yn salmau y saint,
Fel gwlith ar eu gweddi rhoist Ti iddynt hedd,
A'r ffydd nas diffoddir ar bentir y bedd.

O'th sanctaidd breswylfod hen gredo Dy Groes
Fu'n llewych i'w llwybrau a'u harfau trwy'u hoes ;
Tan heulwen, tan gawod, tan drallod yn drist
Profasant nerth bythol a grasol Dy Grist.

Gwna ninnau'n golofnau'n Dy demlau, ein Duw,
Ac allan nac elom tra byddom ni byw ;
Gwna ninnau'n golofnau dan bwysau, bob un,
Ac arnom un enw—Dy enw dy Hun.

IESU GRASOL

(Ar fiwsig Chorale J. S. Bach a genir yn gyffredin yn Saesneg
ar y geiriau adnabyddus " Jesu, joy of man's desiring ")

Iesu grasol, nerth fy nghalon,
Iesu, heulwen f' enaid i,
Cod fy enaid uwch gofalon
I'r goleuni atat Ti ;
Fel y cyfyd cân ehedydd
Pan fo'r dydd fel sanctaidd fedydd
Tros y bryniau'n llifo i lawr ;
Canaf innau ym mhorth y wawr.

Rho belydryn ar fy ngweddi,
Rho belydryn ar fy nghân,
O'r orseddfainc lle'r eisteddi
Yn yr uchelderau glân ;
Hed fy ysbryd uwch pob pryder
Ar awelon heulog hyder
I'r uchelder sanctaidd, glas ;
Yno molaf rym dy ras.

Y SIWRNAI OLAF

(Geiriau ar fiwsig Chopin)

Pan fo'r ffordd yn ddu
Heb un seren gu,
Dychryn ar bob tu,
Tyred Geidwad cry',
  Arglwydd Iesu ;
Â'th ddeheulaw gref
Arwain tua thref,
Rho oleuni'r nef,
  Arglwydd Iesu.

Er mor wyllt y fan,
Er nad wyf ond gwan,
Dof trwy f'ofnau i'r lan,
Saf Di ar fy rhan,
  Arglwydd Iesu ;
Gwyddost ofnau'r llawr
Wedi'r caddug mawr
Gyda Thi mae'r wawr,
  Arglwydd Iesu.

SONEDAU

CAMBRAI 1918

Rhwbel a llaid, ac ambell sgerbwd tŷ
  A'r gwynt yn ochain dan ei ais, a'r glaw
Yn amdo drosto. Gan y gwarth a'r braw
Mudanrwydd trwy bob heol. Man a fu
Gartref i rywrai'n ddim ond pydew du,—
  Eco 'sbardunau milwr oddi draw
  Yn camu'n llon ei fryd trwy'r llaid a'r baw ;
Derfydd ym mhen y 'stryd ei chwiban hy ;

Fan honno gwn fod eglwys a darn Croes,
  Ac arni Un a ddrylliodd milwyr gynt,
  A ddrylliwyd eto. Sigla yn y gwynt
Yn ddiymadferth yn Ei farwol loes.
  Ac uwch Ei ben mae rhwyg drwy'r trawstiau bras
  A thrwy y rhwyg rhyw ddarn o nefoedd las.

Y BEDD DI ENW

Aros ! Mae bedd fan yma. Gwêl y groes
  A luniodd dwylo carbwl â rhyw bren
  O hen focs bwli. Syll y sêr uwchben
Ar gannoedd tebyg wedi'r tân a'r loes.
Pwy bynnag ydoedd, at y Duw a'i rhoes
  Yr aeth ei ysbryd. A thu hwnt i'r llen
  Yng ngolau cariad pur yr orsedd wen,
Mae uwchlaw'r malais sy'n gwallgofi'r oes.

Claddwyd, efallai, yma gyda'r hwyr
  Galon rhyw fam o Loeger. Neu bu ffydd
  Geneth o Fôn fan yma'n colli'r dydd.
Ac os Ellmynwr ydoedd (pwy a wŷr ?)
  Sychu pob camwedd y mae'r cadach gwaed
  Oddi ar lech hanes. Gwylia ar dy draed !

EIGION CALON

Mae 'nghalon, f'annwyl, fel yr eigion maith ;
  Mae iddi storm a theg, a thrai a lli,
  A llongddrylliadau hefyd yn ddi ri—
Dinistriwyd fy ngobeithion lawer gwaith :
Ni chenfydd rhai ond creigiau geirwon, llaith,
  Lle rhuthra llanw gwyllt fy nghalon i
  Yn erbyn ffiniau credo hen ei bri,
A'r gwŷr sy'n cynnig cysgod yn lle ffaith,

Eraill a welant dorri 'nghalon drist
  Mewn ton ar don o hiraeth am y dydd
  Y daw fy ngwlad o gadwyn trais yn rhydd,
A'r byd mewn heddwch tan ogoniant Crist.
  Ond chwili di o hyd, pan chwâl y don
  Am fwynder ambell berl tan ferw 'mron.

Y DUW EIDDIGUS

Trymder y nos drwy'r coed ; ystlûm yn gwau
  Megis rhyw ysbryd blin uwchben ; dim si
  Ym mysg y dail ; dim sŵn ond ambell gri
Ambell ddylluan drwy'r tangnefedd gau ;
Dim ond y nos, a'r coed, a ni ein dau,
  A'r dwfn ddistawrwydd.   Ar dy wyneb di
  Fel pagan ar ei ddelw y syllwn i,
A'th lygaid dithau'n dynn, yn dynn ynghau.

Fe wyraist trosof, masgau o aur coeth
  I rwydo enaid oedd llen gêl dy wallt.
  Ar hyd fy wyneb treiglai dagrau hallt
O gylch fy ngwddw crynai breichiau poeth,
  Ar fy ngwefusau llosgai cusan hir . . .
  A tharan Duw a rwygodd dros y tir.

AR GRAIG HARLECH

Ar yr un geulan Bendigeidfran gynt
　Uwchben y weilgi a wyliai lathru o'r don
Yn fflach yr estron hwyliau.　Gan y gwynt
　Ymchwyddent, fel y pryder tan ei fron
Tros Franwen.　A pha fodd y gwyddai hi
　Y dwthwn hwnnw'r dynged oedd i'w rhan,
—Ai gwae ai gwynfyd a ddôi tros y lli
　Lle llithrai llong Matholwch tua'r lan?
Ar y graig hon bu Branwen.　Cofia'i llef
　Yn Aber Alaw wedi'r holl gam-drin
A'r torri calon . . . . A wyt eto gref
　I fentro, dithau, dros ddi-ddychwel ffin
Heb wybod beth sydd hwnt i'r moroedd llwyd,
Heb nawdd ond nawdd dy freninesol nwyd?

Â CHAS PERFFAITH

Casâf di, Gymru, am dy butain wên
　I dreisiwr ar dy ddwyfron ysig di,
Am werthu ohonot erwau'n teulu hen
　Yn ddibris iddo, a'th frenhinol fri.
Casâf di am it droi o'th reiol iaith
　I sisial wrtho eiriau anwes rhad
Y taeog, do, a thithau'n gweld y graith
　Ar fron dy chwaer, Iwerddon, trwy 'i hen frad.
Casâf di am it feddwi ar eiriau mêl
　Ffyliaid a fawl eich gwely ar uchel ŵyl,
A phoeri ar bob proffwyd gwir a ddêl
　Â geiriau sobrwydd atat yn lle hwyl.
Casâf di—ond tro draw dy lygaid glas
Rhag gweld mor dehyg cariad gwir a chas.

AR FYDRAU SIONCRWYDD FFRAINC

RONDO

I Ieuenctid Cymru.

Pan fwyf yn hen bregethwr piwys, croes,
Heb destun ond " chwaraeon gwag yr oes " ;
Yn dwrdio " pobol ifainc " wyllt y dydd
   Am feddwl newid gair o'n Cyffes Ffydd,
A'u galw'n ddirywiedig a di foes ;

Gan ddiolch am yr erys yn y toes
Ryw gymaint o'r hen lefain hwnnw a roes
   Fy llaw a llaw rhai tebyg—ynddo 'nghudd
      Pan fwyf yn hen :

Bryd hynny, a chwi'n gwingo o dan loes
Fy fflangell ar eich nwyf, gwybyddwch bois,
   Er gwaethaf ambarel a doniau rhydd,
   Het silc a dillad offeiriadol, prudd,
Gwaredwr ifanc a fydd Gŵr y Groes
      Pan fwyf yn hen.

TRIOLEDAU JOB

" Fy nyddiau sydd gynt na gwennol gwehydd."

Uwchben y gwehydd wrth ei wŷdd
Rhyfeddwn at ei wennol fuan,
Nes cofio'r hen ymadrodd prudd
Uwchben y gwehydd wrth ei wŷdd
Mai llawer cynt yr hed pob dydd
O'm byr flynyddoedd innau, druan.
Uwchben y gwehydd wrth ei wŷdd
Rhyfeddwn at ei wennol fuan.

" A'm dyddiau i sydd gynt na rhedegwr."

" Pa newydd, O ! redegwr chwim ?
Pa beth a welaist ar dy yrfa ?"
" Ynfydion ! pwy sy'n gofyn im
' Pa newydd, O ! redegwr chwim ? '
—Heb ddeall dim o'm neges,—dim ? "
Ond para i weiddi a wnai'r dyrfa :
" Pa newydd, O ! redegwr chwim ?
Pa beth a welaist ar dy yrfa ? "

" Megis yr eheda eryr ar ymborth."

A chofiais am yr eryr gwyllt
Ag oen yn gwingo'n ei grafangau,
(Fel plwm disgynnodd ar y myllt !)
A chofiais am Yr Eryr Gwyllt
Nas atal un o'th finiog fyllt,
—Yr Eryr Gwyllt a elwir Angau.
A chofiais am Yr Eryr Gwyllt
Ag oen yn gwingo'n ei grafangau !

" Aethant heibio megis llongau buan."

O ! gwêl y llong yn troi i'r lli
A'i hwyliau'n llenwi gan yr awel
Pa ddyn, a garo'n daear ni,
o gwêl y llong yn troi i'r lli,
Na wêl ei einioes megis hi
Yn llithro i'r Cysgodion Tawel ?
O ! gwêl y llong yn troi i'r lli
A'i hwyliau'n llenwi gan yr awel !

BALÂD WRTH GOFEB Y MILWYR

(Anerchiad *nas* clywir oddiar risiau Cofeb yr un o'n Colegau,
Ddydd y Cadoediad)

O fro'r cysgodion gwelw y dof
   Yn gennad dros eich bechgyn chwi
I weld pa fodd y cedwch gof
   Yng Nghymru am ein diwedd ni,
   Ni fynnem glodydd gwag na bri ;
Ond beth yw hyn er ein sarhad ?—
   Carreg a'r celwydd arni hi,
MELYS YW MARW DROS EIN GWLAD.

Pan wneid y galon wyllt yn ddof
   Gan frath y fidog ddannedd lli,
A hogwyd gan anghelfydd of,
   Neu frath y fwled boeth ei si ;
   Pan glywit hir, ofnadwy gri
Y siel yn troi yn oerach nâd ;
   Tybed mai canu a wnaet ti
MELYS YW MARW DROS EIN GWLAD ?

Tybed mai melys, waeth lle y trof,
   Fydd gweled *heno* ddawnsio ffri
Gan blant eich budrelwyr ?—Rhof
   Y cerrig hyn yn fara i
   Hen ffrindiau'r ffos a'i sifalri
Sydd heddiw'n llwgu am eich brad,
   A chwithau'n canu'n dorf ddi ri
MELYS YW MARW DROS EIN GWLAD.

L'ENVOI

Ffrind, yma yng ngwisg yr " *O.T.C.* "
   Am fod y celwydd mewn parhad,
Ryw ddydd fe gofi 'ngeiriau i ;
   MELYS YW MARW DROS EIN GWLAD.

BALÂD DYFFRYN CEIRIOG

Beth waeth fod dychryn dan fy ais ?
  Beth waeth fod deigryn ar fy ngrudd
Wrth synfyfyrio ar y trais
    A llwytho 'nodrefn ? Daeth y dydd
    I ffoi o flaen y llid a fydd.
Pwy ydym ni i gadw stŵr ?
  Ffarmwr neu ddau, a gof, a chrydd.
Cleddwch ein cartref dan y dŵr.

Beth waeth fod cryndod yn fy llais
    Wrth gloi y bwthyn gwag a phrudd ?
Beth waeth os yw fy mron dan glais
    Wrth fyned heibio i'r capel sydd
    Ger beddrod 'mam ? Y dwfr a gudd
Hen gysegr Duw, Ein Craig a'n Tŵr.
  'Dyw hyn ond mympwy Teulu'r Ffydd,
Cleddwch ein cartref dan y dŵr.

Beth wyddech chi yng ngwlad y Sais
    Fod prennau'r Dyffryn yn llawn sudd ?
Beth wyddent hwy fu'n trin eich cais
    Fod ysbryd Ceiriog yn y nudd
    Yn ocheneidio dan y gwŷdd :
" Ni ddwg Prydferthwch elw siŵr ;
  Ac o Farddoniaeth ni ddaw budd.
Cleddwch ein cartref dan y dŵr."

L'ENVOI

Gymro, os ydwyt eto'n rhydd,
  Ymorol. Neu, fe gladd y gŵr,
Nad yw Clawdd Offa iddo'n lludd,
  Gwm ar ôl cwm o dan y dŵr.

TROSIADAU

HEDD

(Henry Vaughan 1622-1695)

Tu hwnt i'r sêr, fy enaid,
  Y mae rhyw hyfryd wlad,
A'i gwyliwr yn adeiniog
  A medrus yn y gad.
Yno uwch twrf a therfysg
  Rhyw addfwyn Hedd a chwardd,
Ac Un a fu'n y preseb
  Sy'n Llyw i'r rhengoedd hardd.
Dy Gyfaill tirion yw,
  —O f'enaid, deffro di !
Mewn cariad pur y daeth
  I farw ar Galfari.
Os gelli di ei chyrraedd,
  Mae yno flodyn Hedd.
Y Rhos sydd heb edwino.
  Dy gaer, a'th hyfryd wledd.
Gad ynteu ffôl grwydriadau ;
  Nid oes a'th geidw'n fyw
Ond Un sy'n ddigyfnewid,
  —Dy Feddyg Mawr a'th Dduw.

DINISTR SENACHERIB

(Byron)

Fe ruthrai'r Asyriaid fel bleiddiaid yn froch,
Pob catrawd yn ddisglair gan borffor a choch,
A llewych eu gwayw fel sêr ar y lli
Lle treigla'r don hwyrol ar fôr Galili.

Fel dail ar y coed pan ddaeth hafddydd yn llwyr
Y gwelwyd y llu a'u banerau fin hwyr.
Fel dail yn y coed a gwynt Hydref yn flin
Mae'r llu fore drannoeth yn wasgar a chrin.

Canys Angel Marwolaeth ar ochain y gwynt
Anadlodd yn wyneb y llu ar ei hynt ;
A'u llygaid a rewodd yn farwaidd a syth ;
Un llam roes pob calon, a thewi am byth.

70

A dacw'r march rhyfel yn llydan ei ffroen,
Ond trwyddo ni thonna anadliad ei hoen ;
Ac ewyn ei ebwch wna'r tywyrch yn wyn
Ac oer fel glafoerion o feisdon y llyn.

A dacw ei farchog ddirdynnwyd gan gur,
A'r gwlith ar ei ael, a'r rhwd ar ei ddur.
Pob pabell a baner yn ddistaw i gyd,
Pob picell yn segur, pob utgorn yn fud.

Ac mae gweddwon Asyria'n wylofain yn hir ;
A drylliwyd y delwau yn nhemlau eu tir ;
A grym y Cenhedloedd fel eira min môr
A doddwyd ar ddim ond edrychiad yr Iôr.

FY NGARDD

(T. E. Brown)

Peth hyfryd, Duw a ŵyr, yw gardd,—a thlos !
Gwely rhos,
Llyn clir,
Rhedynog glôs
Mae'n ysgol gwir
Dangnefedd.   Eto myn
Yr ynfyd nad oes Dduw er hyn,—
Dim Duw ! mewn gardd ? ar hwyrddydd hafaidd hir ?
Na ! clyw ei hawel hi ;
Mi wn fod Duw yn rhodio yn f'un i.

YN AMSER DRYLLIO'R CENHEDLOEDD

(Thomas Hardy)

Dim ond gŵr araf ar ffridd
   Yn llyfnu cae llaith
A'r hen geffyl yn baglu'n y pridd
   Fel ynghwsg wrth y gwaith.

Dim ond mwg ysgafn heb fflam
   O domen y chwyn ;
Fe gwymp Breniniaethau a'u cam
   Ond para a wna hyn.

Acw dan sibrwd i'w dlos
   Daw llanc efo'i ferch ;
Cyll stori pob Rhyfel mewn nos
   Cyn stori eu serch.

71

ANFARWOLDEB

(Cyfieithiad mewn soned o ganu rhydd Rabindranath Tagore)

Lansio arwrgerdd, Gariad, oedd fy mryd
  Un adeg. Bûm esgeulus, gwae ! Fy nghân
A drawodd dincial dy fferledau drud,
  A drylliwyd hi yn delynegion mân.
Holl lwyth fy straeon am ryfeloedd hen
  A'r arwyr gwych na bu eu hail erioed
A daflwyd yma a thraw gan donnog wên,
  Nes suddo'n llawn o ddagrau wrth dy draed.
O ! 'r ferch, â lliw'r pomgranad ar dy wedd,
  Rhaid iti dalu iawn ! Gan hynny clyw :
Drylliaist fy mri anfarwol wedi'r bedd,
  Gwna fi'n anfarwol ynteu tra bwyf byw.
Ac am fy ngholled byth ni chwynaf i,
Na'i hedliw mwy, fy Nghariad, wrthyt ti.

Y MEUDWY A'I DDUW

(Rabindranath Tagore)

Gefn nos sibrydai gŵr â mynwes lawn :
" Ffoaf o'm cartref i geisio 'Nuw yn iawn.
Pwy yma a'm rhwymodd â'r synhwyrau gau ? "
" Myfi " atebai Duw—wrth glustiau cau.
Gwasgai ei wraig ei baban cwsg i'w bron,
  A'r ddau yn nyfnder rhyw freuddwydion llon.
" A phwy ŷch chwi, O dwyllwyr rhith " ? eb ef.
" Myfi ! " Ond ofer eto'r Ddwyfol lef.
O'r trothwy galwai, " Pa le yr wyt, fy Iôr " ?
" Yma " ebr Duw, " O fyddar, cau y ddôr."

Â chri ymwasgai'i blentyn at y fam—
" Dychwel," gorchmynnai Duw. Ond na !
    Rhoes gam
I'r nos tu allan ; ac yn awr rhy hwyr.
Diflannodd bellach maes o glyw yn llwyr,
Ochneidiai Duw : " F'addolwr, wele efe
Yn crwydro oddi wrthyf na ŵyr neb i ble ! "

YR YSGRIFENNYDD

(Walter de la Mare)

Mor hardd yw gwaith
Dy law, O Dduw ;
Yr aderyn bach,
A'r glöyn byw ;
A hadau'r gwellt
A gluda'r gwynt
Neu a ddwg y morgrugyn
Ar frysiog hynt.

Ger Y Corbwll Du
Ped eistedd a wnawn,
A chymryd yn inc
Ei dyfroedd mawn
I osod i lawr
Ryfeddodau'r byd,
—Pob creadur byw ;

Yr oesoedd i gyd
A ddiflannent cyn byth
At yr *Y* y down.
O'r gwyfyn i'r llew
Yn y rhestr fe'u rhown.

Ac eto arhosai
Tu faes iddi hi,
'Rôl treulio pob brwynen,
Hysbyddu pob lli,
A phallu pob geiriau,—
TI, ARGLWYDD, A MI

F

REVEILLE

(A. E. Housman)

Deffro : treigla'r llanw arian
   Hyd draethellau'r gwyll yn lân ;
Yn y dwyrain ar y marian
   Tiria'r haul fel llong ar dân.

Deffro : dryllir to'r cysgodau
   Ac fe'i methrir ef i'r tir ;
Chwythir pabell nos yn garpiau
   Yma a thraw dan wybren glir.

Cyfod, hwyr yw i orweddian :
   Clyw y bore'n canu ei ddrwm ;
Gwrando'r priffyrdd gwag yn herian
   " Pwy ddaw dros y bryn a'r cwm ? "

Gwlad a thref mewn serchog lendid,
   Fflam ar benrhyn, cloch ar dŵr ;
Ni bu lanc a wisgodd esgid
   Fyw i weld y cwbl yn siŵr.

Cyfod, lanc ; ni bydd y gïau
   Lwytha heulog wely ond gwyw ;
Ni fwriadwyd dydd-welyau
   Na chwsg bore i undyn byw.

Clai sy'n huno a gwaed yn gwibio,
   Ac ni phery'r ffun yn wir.
Cyfod, lanc : ar ben dy grwydro
   Ti gei huno'n ddigon hir.

OND NID AMDANAT TI

(A. E. Housman)

Pan ochain gwellt y ddaear
   Na ddoi ohoni byth,
Daw'r och o'r awel glaear
   Heb wybod dim y chwŷth.

A'r dagrau sydd ar feini
   Y llan ar fin y lli,
Dagrau y wawr yw'r rheini,
   Ond nid amdanat ti.

Y LLANC O SIR AMWYTHIG

(A. E. Housman)

" A oes aredig,
    A llanc i yrru'r wedd
Wrth dincial mwyn yr harnais
    A minnau yn 'y medd ? "

Oes. Y mae'r ceffylau
    O hyd yn tynnu'r gŵys.
Dim newid er dy roddi
    O dan y pridd a'i bwys.

" Ym Maes yr Afon
    Oes hwyl ar y bêl droed,
A hogiau llon i'w chware,
    A mi rhwng estyll coed ? "

Oes. Mae'r bêl yn hedeg
    A'r hogiau ar ei hôl,
Sefyll mae'r gôl, a'r ceidwad
    O hyd yn cadw'r gôl.

" Beth am fy nghariad ?
    (Mor galed colli'r dlos)
A flinodd hi ar wylo,
    Wrth fynd i gysgu'r nos ? "

Esmwyth iawn yr huna,
    Heb ddeigryn ar ei grudd.
Mae'r ferch yn eitha bodlon,
    Cwsg dithau'n berffaith rydd.

" Sut mae fy nghyfaill,
    A mi mor oer fy nghri ?
A gafodd ef i orffwys
    Well gwely na f'un i ? "

Do, wâs. Byddai 'ngwely
    Wrth fodd holl lanciau'r plwy ;
Cysuraf gariad rhywun,
    Paid â gofyn cariad pwy.

CARNGUWCH

(Bredon Hill, Housman)

Yn oriau'r haf ar Garnguwch
  Datseinia'r clychau clir ;
O lawer tŵr fe'u canant
  Hyd barthau pella'r sir,
  Hyfrydol sain yn wir.

Yma ar fore Sabath
  Gorweddwn i a Gwen
I wylio'r wlad symudliw,
  A'r hedydd bach uwchben
  Yn canu'n entrych nen.

Galwai y clychau arni
  Is law filltiroedd rai ;
" Dowch bobol dda i'r eglwys
  I'ch clirio o bob bai."
  Ond aros yma a wnâi.

Minnau a drown i ateb
  O'r teim a'i sawyr drud,
" Cenwch ar ddydd ein priodas,
  Cenwch pob cloch ynghyd,
  Down ninnau i'r llan mewn pryd."

Ond pan oedd eira'r 'Dolig
  Ar gopa bryniau Llŷn,
Cyfododd Gwen ben bore
  Ac aeth i'r Llan ei hun.
  Nis gwelwyd gan neb dyn.

Un gloch yn unig ganai
  (A chwerw oedd ei chri),
Ar flaen rhyw dorf alarus
  Felly i'r llan 'r aeth hi,
  Heb aros wrthyf i.

Datseinia Carnguwch eto
  Gan glychau tŵr ar dŵr ;
" Dowch bobol dda i'r eglwys,"
  " O glychau, tewch â'ch stŵr.
  Mi ddof, yn eitha siŵr ! "

DEFAID AC ŴYN

(Katherine Tynan)

Hwyrddydd o Ebrill ydoedd,
   Ebrill a'i awel fwyn ;
Ac ar y ffordd y defaid
   Âi heibio gyda'u hŵyn.

Y defaid a'u hŵyn âi heibio
   I fyny am Fwlch y Llyw.
Hwyrddydd o Ebrill ydoedd :
   Meddyliais am Oen Duw.

Blin oedd yr ŵyn a chŵynent
   Yn llesg a dynol eu cri.
Am Oen Duw y meddyliais
   Yn myned i Galfari.

Fry yn y glas fynyddoedd
   Mae'r borfa bereiddiaf a gaed :
Gorffwys i'r cyrff bach eiddil,
   Gorffwys i'r egwan draed.

Ond Oen Duw ni chafodd
   Fry yn y bryndir glas
Ddim ond y groes felltigaid
   Rhwng croesau troseddwyr cas.

Hwyrddydd o Ebrill ydoedd.
   Ar y Ffordd i Fwlch y Llyw
Y defaid a'u hŵyn âi heibio :
   A chofiais am Oen Duw.

PE MEDRWN

(Hoff gân Challiapine)

Pe medrwn ar gân draethu 'ngofid,
   Dadlennu anobaith fy mron,
Y pryder sy'n faich ar fy ysbryd
   A doddai fel ewyn y don.

Câi 'nghalon dangnefedd, anwylyd,
   Mewn cyffes a leddfai'i hir glwy :
Er hynny o rannu'r gyfrinach
   Dy galon di dorrai yn ddwy.

77

A SPIRITED HORSE FOR A SPIRITED MAID

(Trosiad rhydd ar gyfer penblwydd Eleri Cynan, gydag anrheg o farch. Detholiad o Gywydd Tudur Aled i ofyn March gan Ddafydd Abad Aberconwy).

> " *Fy newis erbyn mis Mai*
> *Merch deg a march a'i dygai.*"

I have chosen to match this month of the May,
A girl who can ride a horse full gay,
Please send her, Sir Abbot, a steed of pride
Fit for a spirited girl to ride.

His nostrils quiv'ring like any bear,
His proud head held in a noose of hair,
A noose of hair and a curb for his pride,
Each nostril a French gun, opening wide
His eyes twin pears on a storm-tossed bough,
Vibrant and brilliant beneath his brow ;
His ears like thin twin-leaves of the sage,
But restless as two wild birds in a cage.
His coat as glossy as soft new silk,
His mane as gossamer flecked with milk.
Say what skilled jeweller, as he moves,
Burnished those gems beneath his hoofs ?
From four-times-eight nails after dark
His dashing canter strikes a spark.

He devours the miles, and his ringing feet
Like a fair-day bell warn : " Clear the street "
A curvetting, rollicking, roan to ride,
He swims through the air with his easy stride.

What can I compare to his eager bounds
But the flight of the hart before the hounds ?
He can gallop at will like the thunder's roll,
Or trot as mincing as any foal.
At whiles he will rear and prance at the sky
As though his eager spirit would fly.
A lordly steed, in his gallant run
He shows the flash of his shoes to the sun.
Yet so lightly he touches the grassy plain
There's hardly a blade but will straighten again ;

But at dusk when he trots on the stone-paved way
What shooting stars 'neath his fetlocks play,
And swift as the shuttle weaves through the loom
His feet weave a pattern of fire through the gloom.

Give him a rider of spirit and skill
And he seems to know his very will.
No spur need ever touch his flank
To carry him over the highest bank,
Ride him straight at a six-foot wall,
He's over and on with never a fall.
Ride him straight at a hedge of thorn,
He's over and on with skin untorn :
And he leaps as clean o'er the flashing stream
As the fawn leaps clear of the serpent's gleam.

Good Sir Abbot, is there aught to pay
For such a mount but this song of the May
On behalf of a girl who can ride full gay ?
If such a horse you will send her free,
This maid will away and ride with me
In the month of May, 'neath the greenwood tree.

Two bright things that never can fade—
A spirited horse and a spirited maid.

BALEDI

BALED Y PEDWAR BRENIN

O bedair gwlad yn y Dwyrain poeth
Cychwynnodd y pedwar brenin doeth
Am eira'r Gorllewin, dan ganu hyn :
O ! Seren glir ar yr eira gwyn.

Y seren a welsant o'u pedair cell,
A dynnodd ynghyd eu llwybrau pell.
A chanai clychau'u camelod drwy'r glyn :
O ! Seren glir ar yr eira gwyn.

Daeth tri ohonynt yr un nos
I Fethlehem dros fryn a rhos,
A chanent o hyd a'u lanternau ynghŷn :
O ! Seren glir ar yr eira gwyn.

" Beth a ddygasoch chwi yn awr
O'ch gwlad yn rhodd i'r brenin mawr ?"
Agorodd y tri eu trysorau pryn
Dan y Seren glir ar yr eira gwyn.

" Aur o goron frenhinol fy ngwlad " :
" Thus o demlau duwiau fy nhad " :
" Myrr i'r brenin—cans marw a fyn " :
A ! Seren glir ar yr eira gwyn.

. . . .

Ond y brenin arall, ple 'roedd efô ?
A pheth a ddygasai ef o'i fro ?
A phaham y tariai ef fel hyn,
O ! Seren glir ar yr eira gwyn ?

Fe gychwynasai yntau'n llon,
A pherl brenhinol ynghudd wrth ei fron,
Ond gwelodd yn Syria, a'i dagrau yn llyn,
Ferch fach mewn cadwynau'n yr eira gwyn.

Brathai'r hualau oer i'w chnawd,
Ond llosgai'i deurudd morwynol gan wawd
Y gwerthwr caethion.   Syllu'n syn
A wnai'r Seren glir ar yr eira gwyn.

Mae'r brenin yn llamu o'ı gyfrwy gwych ;
Mae'r perl yn neheulaw'r gwerthwr brych ;
Mae'r eneth yn rhydd, a'i gwefus a gryn
Fel y Seren glir ar yr eira gwyn.

Ond trodd y brenin ei gamel yn ôl
Dan ocheneidio a churo'i gôl :—
" Ofer heb rodd fynd ymhellach na hyn
Gyda'r Seren glir dros yr eira gwyn."

. . . .

Flynyddoedd ar ôl colli'r gem
Daeth yntau i byrth Ieriwsalem,
A gwelodd uwch Calfaria fryn
Y Seren a fu gynt ar yr eira gwyn.

'Roedd yno Un mewn angau loes,
A milwyr Rhufain wrth Ei groes ;
Ond gloywach fyth na'u gwaywffyn
Oedd y Seren a fu ar yr eira gwyn.

Canys rhwng drain y goron lem
Fe ganfu'r brenin belydrau'r gem
Ar ael y Gŵr oedd ar y bryn,
Megis Seren glir ar yr eira gwyn.

" Pa fodd, fy Arglwydd, y cefaist Ti
Y perl dros y gaethferch a roddais i ?"
" Yn gymaint â'i wneuthur i un o'r rhai hyn
Fe'i gwnaethost i Arglwydd yr eira gwyn ! "

BALED Y NODDFA

Daeth rhywun ar farch
  Hyd at ymyl y ffos,
A dringo i'm ffenestr
  Yn nyfnder y nos.
Fy nghledd wrth ei wddw,
  " Mynega pwy wyd,
Neu dioer bydd dy gorff
  I'r llysywod yn fwyd."

" O Ruffydd ! "

                    " Gwenllian ! "
" O Ruffydd, mae 'nhad—
  Na,—dianc f'anwylyd
Rhag ystryw a brad.
  Cyfrwyais dy farch.
Mae dan ffenest' dy gell."

" Un cusan, Gwenllian ! "

    Ac wele fi 'mhell
O olwg y gaer
  Pan ddôi gwawr dros y bryn,
Ar garlam, ar garlam
  Trwy waelod y glyn.

Ar garlam drwy'r fforest
  Dan gangau'r llaes goed,
Ar garlam drwy lwyni
  Diarffordd erioed.
Ehedwn dros gloddiau
  Ac eithin a drain,
A fflachiai'r pedolau
  Yn dân ar y main ;
Nes bod fy sbardunau
  Yn gochion gan waed,
A dur y gwarthaflau
  Yn boeth dan fy nhraed,
A throchion fy march
  Fel yr ewyn a deifl
Y tonnau cynddeiriog
  Dros waelod Yr Eifl.

Yn ymyl Llan'haearn
  Y cyrchais y ffordd,
Ac ergyd ei garnau
  Fel ergyd yr ordd.

Disgynnais o'r cyfrwy
A'i llacio mewn dôl
Tu yma i Nefyn.
Ond Duw ! O'r tu ôl
Canfûm ger Y Pistyll
Ryw gynnwrf drwy'r haidd,
A gwelais grib helmau
Marchogion Huw Flaidd,
A gosgordd Ap Cynan.
Hen gyfaill fy nhad !
Och Dduw ! na ddoi Cymru
Yn glir o bob brad.

Un llam at y cyfrwy,
Ac i ffwrdd fel y gwynt !
A'm calon yn curo
Yng nghynt ac yng nghynt ;
A Bleddyn yn hedeg
Mor union â'r frân,
A'i lygaid yn fflachio
Fel peli o dân.
Ysgubo drwy Nefyn
Heb gyfarch un gŵr
Na rhoddi trwyddedair
I wyliwr y tŵr.
Ond gwae fi ! wrth Edern
Canfyddwn fod tri
O'r Norddmyn yn dal
Ac yn dal arnaf i.

" O ! Ruffydd ap Cynan
Hen gyfaill fy nhad.
Fe lygraist dy enw,
Ac enw dy wlad.
Pa ddrwg a dderbyniaist
Gan Ruffydd ap Rhys
I'w ymlid fel llofrudd
O loches dy lys ?
Ai gwell gennyt aur
Brenin Lloeger a'i wên
Na chwlwm cyfamod
Dy genedl hen ?
Nid dyna dy hanes
Ym more dy ddydd :
Ap Cynan, Ap Tewdwr,
Yr un oedd eich ffydd.

" Y beirdd am y gorau
    A ganai dy fawl
Y dydd y gorchfygaist
    Lu Robert y Diawl.
Os oerodd dy gas
    At orthrymwyr mor erch,
Mae'r fflam eto'n llygaid
    Gwenllian dy ferch.
Ond ————— "
                    Ping ! Dyna saeth
    Yn mynd heibio fy nghlust.
Mae'n crynu â'i blaen
    Yn y dderwen. Ac ust !
Daw sŵn y carlamu
    Yn nês ac yn nês,
Safasant ! Daw cawod
    O saethau drwy'r tes.

" Tyrd, Bleddyn ! Un ymdrech ;
    'Dyw'r ffordd ddim yn faith.
Tyrd Bleddyn ! "   A phratiais
    Ei wddw hir, llaith.
Ac ymaith ag yntau
    Fel mellten drachefn,
A'i garnau'n taranu
    Dros weirglodd hir, lefn,—
I Dduw boed y diolch
    Mi glywaf y côr
O eglwys Sant Hywyn
    Yn ymyl y môr.
Ond cyn *gweld* y pentref
    Na'r eglwys, na'r traeth,
Parlyswyd fy arddwrn
    Gan frathiad dwy saeth.

Wrth drosi'r awenau
    Ar hyn i'm llaw dde,
A'r rhuddwaed o'm clwyf
    Ar fy ôl dros y lle,
Clywn lefain f'erlidwyr
    Fel helgwn yn awr,
A Bleddyn fel carw
    Yn mygu i lawr
Hyd allt Aberdaron !
    Dduw'r Nefoedd ! Fe syrth
Â saeth yn ei arrau.

Nid oes onid gwyrth
A'm hachub i bellach.
Ond gwelais fod dôr
Yr eglwys ar agor
Yn ymyl y môr.

Ymlwybrais hyd ati
Yn chwŷs ac yn waed,
Fel pe bai hualau
O blwm am fy nhraed.
Mi glywwn yr " *Ave* "
Ar oslef oedd fwyn,
A'r " *Kyrie eleison* "
Wylofus ei chŵyn.
A gwelwn drwy'r porth
Rhwng canhwyllau o wêr
Fynachod Sant Hywyn
Yn plygu i'w Nêr —
Ymgroesodd yr abad ;
Distawodd y gân ;
Diferai fy ngwaed
Hyd y gangell wen, lân.

" Syr Abad, mae'r brenin
Yn ceisio fy ngwaed.
Erfyniaf dy nawdd
Yn y llwch wrth dy draed."

" Syr Marchog, pwy wyt
Yn dy glwyfau a'th chwŷs ? "

" Tosturia, Syr Abad,
Wrth Ruffydd ap Rhys."—

Mae dau o'r mynachod
Yn rhwymo fy nghlwy.
Rhydd dau imi gordial
Nas gwna neb ond hwy ;
A gosod fy mhwys
Ar yr allor fawr, wen,
A chlustog yr abad
Ei hun dan fy mhen.

Ond ust ! oddi allan
Dinc arfau, a thrwst
Marchogion yn rhuthro
Drwy'r pentref ar ffrwst.

" Dy nawdd im, Syr Abad ! "
  " Fy mab, ni chei loes ;
Os cadarn y Goron
  Cadarnach y Groes."

Fe gymer ei groes
  A'i dyrchafu'n ei law.
A saif yn y porth
  Yn ddi ffrwst a di fraw.

" Ha wŷr, beth a geisiwch ?"—
  " Pen Gruffydd ap Rhys
I'w roddi i'r brenin,
  Ac wele ein gwŷs,"

" Ha wŷr, nid apeliodd
  Ffoadur erioed
Mewn cyni am nawdd
  Ein Sant Hywyn, na roed
Amddiffyn ein cysegr
  Yn rhad iddo ef.
Wrth daro'r fan yma
  Tarewir y nef.

" Pwy bynnag a wnelo
  I Ruffydd un loes,
Fe ddisgyn dan felltith
  Dragywydd y Groes
A melltith Sant Hywyn.
  Trowch adref, fy mhlant.
Na themtiwch amynedd
  Yr Arglwydd a'i sant."

Ciliasant dan fwmian
  Dros ysgwydd y fron,
Ond uwch na'u bygythion
  Yw chwerthin y don.
Trwy ffenestr yr eglwys,
  O ! Seren y Môr,
Mi welaf ddihangfa
  I'r De.   Dyna gôr
Y myneich yn dechrau
  Dyrchafu eu llef
Mewn emyn o fawl
  It, Frenhines y Nef.
Mae 'mhwys ar yr allor
  A'm llaw ar y Crair.
Bendigaid fo Hywyn,
  A Henffych it Fair !

BALAD LLYS HELIG

Difyr, difyr oedd bwrdd y wledd,
(Pa hyd, Arglwydd Iôr?)
A Helig ap Glanawg yn yfed mewn hedd
Yn ei gaer yn sŵn y môr.

Plant a gorŵyrion o gylch ei sedd,
(Pa hyd, Arglwydd Iôr?)
Llofrudd fy mrawd yn ben y wledd
(Yn ei gaer yn sŵn y môr).

" Yfwch i heddwch fy henaint teg ! "
(Pa hyd, Arglwydd Iôr?)
" Ac yfwch i'r Iseldiroedd chweg,
A'r mur sydd rhyngddynt a'r môr !

" Delynor crwydrad, cyweiria dy dant !
(Pa hyd, Arglwydd Iôr?)
" Cân folawd fy nheyrnas i mi a'm plant
A molawd y Mur ger y môr ! "

" O Frenin, nid yw 'nghelfyddyd ond tlawd,"
(Pa hyd, Arglwydd Iôr?)
" Ond tawai'r tonnau wrth delyn fy mrawd
Pes canai ar lan y môr."

" Trist, Delynor, yw byrdwn dy gân;
(Pa hyd, Arglwydd Iôr?)
" Medd ! i'w lonni, forwynig lân,
O'r seler nesaf i'r môr."

" Ha forwyn ! diolch, ond lwyted dy wedd!
(Pa hyd, Arglwydd Iôr?)
" Sibrwd beth a welaist yn seler y medd."
(O Dduw, mor drist yw'r môr!)

" Mae pysgod yn nofio yn seler y medd."
" Ni huna'r Arglwydd Iôr.
Ffo allan, fy merch, â'm mantell a'm cledd.
Ffo, ffo o gyrraedd y môr !

" Cyrch, fy merch, tua'r Penmaen Mawr,
Daeth dial yr Arglwydd Iôr.
Nac edrych yn ôl hyd doriad gwawr,
Gwrando gynddaredd y môr !

" Edrych o Drwyn yr Wylfa'n awr
    Tua'r Gaer a watwarai'r Iôr.
Pa beth a weli yng ngolau'r wawr ?
    Paham yr oedd drist y môr ? "

. . . .

" Difyr, difyr oedd bwrdd y wledd.
    Er hyn ni hunai'r Iôr.
Tros dyrau Llys Helig llif eigion di hedd,
    A thrist, trist, trist ydyw'r môr."

MIRAGLAU'R MÔR

" A phan welodd y disgyblion ef yn rhodio ar y môr,
dychrynasant, gan ddywedyd, Drychiolaeth ydyw. A
hwy a waeddasant rhag ofn.

Ac yn y man y llefarodd yr Iesu wrthynt, gan
ddywedyd, Cymerwch gysur : myfi ydyw : nac ofnwch."

Matt. xiv, 26, 27.

Ni thaniais i 'run ergyd,
  Ni thynnais i 'run cledd,
Ond gwn pa beth yw disgwyl
  I bob ton droi yn fedd.

Ni ddrylliais longau'r gelyn
  I'w claddu yn eu gwg
Mewn amdo gwyn o ager
  A galarwisgoedd mwg.

Ond gwn pa beth yw gwylio
  Nes torri o'r wawr yn llwyd,
A physgod dur oedd y pysgod
  A ddelid yn ein rhwyd.

Ni allai ia na drycin,
  Na niwl na suddfad chwaith,
Ein rhwystro ar ein neges,
  Na'n hatal ar ein taith.

Mae darn o'n bow'n y Llychlyn,
  Mae darn yn y Môr Udd ;
Bu droeon ffrwydro erchyll
  Rhwng gwyll a thoriad dydd.

Mor drist yw cri'r gwylanod
  Trwy niwl yr hwyrnos oer,
Pan hed ysbrydion heibio
  Yng ngolau gwan y lloer.

Mor welw uwch y tonnau,
  Pan fyddo'r tarth yn dew,
Yw wyneb y forforwyn
  Gerllaw y gaenen rew.

Gwn hefyd beth yw gweled
  Trwy'r wyliadwriaeth hir
Fwy ar y bwrdd o ddwylo
  Na hwyliodd ddoe o dir.

89

G

Daw rhai o fwrdd y " *Dutchman,*"
A rhai o ddyfrllyd fedd ;
Gwag ydyw lle eu llygaid,
A dulas yw eu gwedd.

Crechwenant hwy o'm cwmpas
Drwy'r wyliadwriaeth faith,
A—Duw ! mor oer ar brydiau
Ydyw eu dwylo llaith !

Ar hyd yr oriau hirion
Fe syll y sêr di ri
Fel llygaid yr Anfeidrol
I ddwfn fy nghalon i.

A chofiaf fy nrygioni
Liw nos ar fwrdd y llong—
(Duw ! Maddau'r hen bechodau
Yn 'Cisco a Hongkong).

Un hwyrnos felly gwelais
Ddrychiolaeth ar y don
A siglodd wraidd fy enaid,
A fferrodd waed fy mron.

Mi welais Ysbryd Rhyfel
Ac yn ei ganlyn lu
Ysbrydion gwŷr oedd gynnau
Yn Ffrainc a'i ffosydd du.

Wrth wrando ar ei eiriau
Crynwn o'm traed i'm pen,
Fe guddiai ei adenydd
Ogoniant sêr y nen :—

"Wele ! Trwy Ewrop heddiw nid oes frenin na duw ond myfi,
Plyg pob teyrn ger fy mron.
Bu rheswm yn llywodraethu ; bu'r groes : ond heddiw . . .
Arlwyais fy mord ger y Somme.

Galwaf y gwesteion ynghyd.   Galwaf : ni thawaf.
Yfwch, gleddyfau sychedig ; yno arllwysaf ich win—
Gwaed y galon,—y gwaed poeth,—y gwaed a bistylla o glwyf y
fron,—
Y gwaed sydd yn byllau dugoch yn ôl carnau'r meirch,
Ac yn diferu oddi ar olwynion y gynnau mawr.

90

Deuwch bla a thân, newyn a chledd ; diwallaf fi eich gwanc,
Cei dithau bryf ymlusgo drwy fêr yr esgyrn.

Pwy yw y rhai hyn ?   O ba le y daethant ?
Dyma'r dewr ar eu ffordd i Valhalla o'r cystudd mawr,
I'r wlad wen, y wlad lle tardd y siffrwd ar ôl taran ;
    Ynys Afallon, a Thir Na'n Og.
Mwyn ydyw'r awel yno, mwyn fel anadl y durtur ar ei nyth.
Ni chlywir ynddi sŵn y drin, nac och na gwae,
Gwlad yr hir hedd, gwlad yr hir hedd.

Cyn hir daw'r Valkyriaid i'w croesawu dros fôr o aur a grisial
Tu hwnt i blastai'r lloer, tu hwnt i ardd flodau'r wawr ;
A chanant hwiangerddi i'w suo, suo am byth.

Ni bydd nos yno ; ac ni bydd dydd yno ;
Ond hunant drwy'r cyfnos di-fachlud-haul, di-wawr;
Hunant a'u hamrannau'n drwm gan fwg eu breuddwydion;
Breuddwydion ieuenctid a freuddwydiant yng nghwsg ar welâu
            afallflawd,
Ac ni bydd deffro mwy.
    Gwlad yr hir hedd, gwlad yr hir hedd,
    Ynys Afallon a Thir Na'n Og.
Mwy yw ing y byd nag a ddeëllwch chwi,
    Gan hynny deuwch ;
Yno'n unig y cewch fro hedd,
    Gan hynny brysiwch,
Chwi sy'n ymbalfalu mewn tywyllwch, a chwi a gollodd eich
            ffydd,
A chwi a ddiflasodd ar fywyd,
Cyfodwch y gwn a dilynwch fi ;

Cewch glywed rhuthr fy adenydd pan ddeuaf o safn y fagnel,
A chroesawaf chwi, a chofleidiaf chwi, a dygaf chwi i dang-
            nefedd :
    Nid oes frenin, na duw, ond myfi."

                Wrth wrando ar ei eiriau
                    Crynwn o'm traed i'm pen
                Fe guddiai ei adenydd
                    Ogoniant sêr y nen.

                Ac O ! 'r wynebau gwelwon
                    A ymrithiai ar ei ôl
                Hyd frig y don, fel meillion
                    Yn dryfrith hyd y ddôl.

                        91

" Tydi, â rhos y brwydrau'n
   Blaguro ar dy fron,
A deimli boen archollion
   'R ôl mynd o'r ddaear hon ?

" Rho wybod pryd y'th glwyfwyd ;
   Ai yn y rhuthr mawr ?"
" Taw, ynfyd ! beth yw'r rhuthr
   Na'r goncwest i mi'n awr ?"

" Ond creulon oedd y dwylo
   A'th ddrylliodd yn dy gôl " :
" Gwêl, dyna'r dwylo'n estyn
   Mewn ymbil ar fy ôl."

" Dy elyn oedd er hynny."
   " Pwy feiai'r adyn tlawd ?
Nid oeddem ond teganau
   Yn llaw ddihitio Ffawd."

" Rhyw ddiafol yn y gwagle,
   Heb ddim yn denu ei fryd
Y Mud, y Dall, y Byddar,
   Hwnnw sy'n dal y byd.

" Di gariad, di gasineb,
   Di arfaeth ydyw'r diawl :
Ni wrendy er dy weddi,
   Ni newid er dy fawl.

" A thra wyt ti yn canu
   ' Fy Nhad sydd wrth y llyw,'
Dwêd ing cyfandir heddiw
   Mai'r diafol hwn sydd dduw.

" Rho wybod i'r eglwysi
   Sy'n plygu i enw Crist
Nad ydyw teyrnas nefoedd
   Ond breuddwyd prydferth trist.

" Cryfach yw llais y gynnau
   Na llais y Rabbi tlawd,
Cans pwy sydd heddiw'n cofio
   Ei eiriau—Câr dy frawd.

" Clyw ! bloeddia'r dyrfa eto,
   A gwaed yn llond ei llef,
(Bron ar ôl ugain canrif)
   ' Ymaith ! Croeshoelier Ef ! ' "

. . . .

Yn fy nhristâd gweddïais ;
   'Roedd braw yn rhwygo 'mron.
A thrwy y niwl mi welais
   Fy Arglwydd ar y don.

'Roedd gwaed yn ôl yr hoelion
   A lle bu'r bicell gref,
Ond golau mawr tosturi
   Oedd yn ei lygaid Ef.

Fe drodd y milwyr ato
   Yn dorf ar dorf ddi lyth
O bob rhyw lwyth a thafod :
   Duw ! oni pheidient byth ?

Ddoe yn y rhuthr gwaedlyd
   Ond heno'n gariad pêr
Ysbrydion wedi drachtio
   O heddwch dwfn eu Nêr.

" Ho yna ! " llefai'r capten,
   " Mae rhywbeth yn ein rhwyd "—
A thros fy meddwl syfrdan
   Fe dorrodd gwawrddydd lwyd.

BALED Y CEUBREN CRIN

(Seiliedig ar y stori ' Priodas yn Nant Gwrtheyrn,' gan Glasynys)

Mae ceubren crin ar Graig y Llam
A'i foncyff praff yn ddellt,
Griddfana'r storm trwy'i gangau cam,
Ac arno fforchia'r mellt.

. . . .

" Yfory, mewn priodwisg wen,
Fy Meinir," meddai Rhys,
" Y dôi i Glynnog, a chaf roi
Y fodrwy ar dy fys.

" Gwêl, dacw dyrfa'n gwau ei ffordd
Rhwng eithin-flodau'r berth,
Gan ddwyn ein trysor neithior ni
I lawr y llechwedd serth.

" Disgleiria'r machlud ar sawl siôl
A gŵn o wlanen goch,
A'u byclau tan belydrau'r haul
Yn llosgi fel dy foch.

" Dacw Lowri Lwyd, a'i chosyn caws
Yng nghôl ei betgwn glas,
A Dafydd Prydderch a'i bot mêl,
Mêl blodau gerddi'r Plas.

" Dacw Twm y Gwehydd â gwrthban gwlân,
—Mae'u rhoddion hael heb ball.
A chlyw pwy sy'n canu ar flaen y dorf
—Yr eneth fechan ddall.

" Daeth y dorf i'r Nant, f'anwylaf fun,
Yn llawen er dy fwyn,
Ac mae'u gobeithion bob yr un
Mor llon â'r gog mewn llwyn.

" Awn ninnau'n llawen, Meinir fach,
I estyn croeso'r Nant
I fwyn gym'dogion Bro yr Eifl
Ar briodas dau o'i phlant.

" Edrych—ar risgl y dderwen hon
　　Mi dorrais enwau'r ddau
　O fewn llun calon, ac islaw
　　Y dyddiad sy'n nesáu.

" Yfory, fy mrenhines wen,
　　Hapusach na'r un teyrn
　A fyddaf pan ddôi ar fy mraich
　　Yn wraig i Nant Gwrtheyrn.

" Yfory yn Eglwys Clynnog Fawr,
　　A'r fodrwy ar dy fys,
　Pwy ddichon ein gwahanu mwy ?"

　　... " Lwc ddu rhyfygu, Rhys !"

" Na, mae ein cyflwr siŵr dan sêl.
　　Chwardd pan ddaw'r llanciau llon
　Yfory i'th hebrwng tua'r llan,
　　A ffo trwy Lwyn y Fron ;

" A brysia at allor Clynnog Fawr
　　Dy hun hyd lwybrau'r coed.
　'Chaiff neb ond fi dy hebrwng di,
　　Briodferch dlysa erioed."

　　. . . . .

A thrannoeth ymguddio a wnaeth Meinir
　　—Hen arfer pob darpar-wraig ;
'Roedd y llanciau'n ei cheisio trwy'r ydlan
　　A'r das ac eithin y graig :

Yn ei cheisio i'w hebrwng i'r eglwys
　　Ac yn galw'i henw'n ddyheus,
Ac yn chwerthin wrth chwilio a chwalu,
　　A hithau'n ymguddio'n chwareus.

Toc gwaeddodd un llanc, wrth weld esgid
　　Tan fwdwl gwair tros y wal.
Ac ymaith â hi'n hanner ofnus,
　　A hanner awyddus i'w dal.

Ymlaen ac ymlaen tan chwerthin,
　　Rhag " y gwŷr o wisgi oed,"
Tua Llwyn y Fron, nes ymgolli
　　O'u golwg hyd lwybrau'r coed.

　　. . . . .

Ond hir a fu'r disgwyl yng Nghlynnog,
  A llethol y pryder ar Rys,
A thannau Dafydd Delynor
  Erbyn hyn yn ddwys tan ei fys ;

A'r plant wrth lidiart y fynwent,
  Wedi blino disgwyl yn hwy,
Yn lluchio'u pwysïau briallu
  Gwywedig, hyd feddau'r plwy.

Am galon Rhys caeodd ofnau
  Yn oer fel gefynnau heyrn.
Heb air gadawodd yr allor
  Ar ffrwst tua Nant Gwrtheyrn.

Pan ganfu'r " gwŷr gwisgi " 'n dod hebddi,
  Fe syrthiodd i lewyg trwm.
A'r nos honno gweiddi " Meinir "
  A ddatseiniai holl greigiau'r cwm.

" Meinir "—i lawr hyd y draethell,
  " Meinir "—i lan hyd y nef,
A Rhys yn nhwymyn gwallgofrwydd
  Yn eu gwatwar lef am lef.

Am fisoedd bu'n crwydro'n wallgof
  Hyd yr Eifl a'i llaith ogofâu,
Fe alwodd ei henw hi filwaith
  Nes curio a britho gan wae.

Ei gi oedd ei unig gydymaith,
  Ond pan seiniodd corn gaeaf ei wŷs
Fe drengodd y ci gan oerfel ;
  Parhau i grwydro a wnâi Rhys.

Wedi colli'i gyfaill ffyddlonaf,
  Y dderwen hynafol a cham
Oedd ei unig gydymaith bellach,
  Y dderwen ar Graig y Llam.

Arhosai'r ddau enw yn y rhisgl ;
  Arhosai'r llun calon o hyd ;
Arhosai dyddiad y briodas ;
  —Ac arhosai'r dirgelwch mud !

96

Un hwyrddydd o derfysg dychrynllyd
　　Safai Rhys tan gysgod y pren,
A'r storm yn ei fynwes gythryblus
　　A heriodd y storm yn y nen :

" Tynghedaf chwi, Nerthoedd y Ddaear,
　　A Nerthoedd y Nefoedd ei hun,
A Nerthoedd y Fall, gyda'ch gilydd.
　　O rhowch imi weled fy mun !

" O holltwch fy ing, fel mae'r fellten
　　Yn hollti'r cwmwl â'i chledd.
Fy Meinir, yn llwch neu yn angel,
　　Rhowch unwaith ei gweld cyn fy medd !"

Ar hyn dyna flaen adain mellten
　　Yn ei daro'n gydwastad â'r llawr,
A'r ceubren o'i flaen yn ymhollti
　　Â thrwst fel daeargryn fawr.

Ac ynddo fe welodd cyn marw
　　Un a syrthiodd i geudod y pren,
Ac esgyrn ei breichiau'n cynnal o hyd
　　Rubanau priodwisg wen.

Fe gladdwyd y ddau gyda'i gilydd
　　Tan y grug ym mynwent y plwy ;
Er y gwae rhwng dau gariad mor gywir,
　　Mewn bedd ni wahenir hwy.

． ． ． ． ． ． ． ． ． ． ． ． ． ． ． ． ． ．

Mae ceubren crin ar Graig y Llam
　　A'i foncyff praff yn ddellt ;
Griddfana'r storm trwy'i gangau cam,
　　Ac arno fforchia'r mellt.

BALED BELSASAR

Mae hanner nos yn ymyl bron
Mewn trymgwsg huna Babilon.
Ond acw ar gastellog fryn
Mae ffaglau di-rif o dân ynghyn,
Ac yno ar frenhinol sedd
Belsasar Deyrn sy'n cynnal gwledd.

Penaethiaid gwenieithus o lawer ffin
O'i gwmpas sy'n drachtio'u fflamdanllyd win.
Dyrchafant bob cwpan, a'u clincian fel clŷch,
A'r Teyrn, gan ei falched, yn yfed fel ŷch.

Fflam goch y gwinoedd, gwedi bwyd,
A dania'i wyllt, gableddus nwyd;
Yn ddall gan ddig, heb ofni'r nef.
Mae'n dirmygu Jehofa yn wawdlyd ei lef.

" Nid wy'n ofni 'r un duw !—Pa dduw sy'n bod ? "
A'r gloddestwyr brwysg yn rhuo'i glod.

Ar hynny'r Teyrn a waedda'n hy
Am ddwyn aur-lestri'r Deml i'w dŷ.
A chludir y llestri sanct trwy ei ddôr
A fu ar allorau bendigaid yr Iôr.

" Ho ! Belsasar wyf, tywelltwch win ! "

Ac fe gyfyd aur-lestr yn feddw i'w fin,
Ac fe'i drachtia'n llwyr, a gweiddi'n groch
(A'r gwin trwy'r gri yn glafoerio'n goch):
" Nid ofnaf un duw trwy'r ddaear gron ;
Myfi ydyw Brenin Babilon !"

Ond fel y bloeddiai ei gabledd cras
Crebachodd gan arswyd ac oeraidd ias,
A gwawd y gloddestwyr a dagwyd ar frys,
Daeth Ust fel Angau dros y llys.

Cans ar y pared, er eu braw,
Fe ymddangosodd Darn o Law.
Sgrifennodd ar y marmor gwyn
Fflam-ysgrif y Farn, a'u gado'n syn.

Mae'r Brenin yn syfrdan ar ei sedd,
Yn crynu i gyd ac yn welw ei wedd.
Parlyswyd hwythau, wŷr y llys,
Heb yngan gair, heb symud bys.

Fe gyrchwyd y Doethion, ond ni allai'r un
Ddehongli'r ysgrifen nas gwnaeth llaw ddyn . . .

Belsasar a hyrddiwyd o'i orsedd i lawr.
Ni chafodd fyw i weld y wawr.

BALED SAN SOFFÏA

(**Eglwys** Gadeiriol Caer Cystennyn gynt—Seiliedig ar **chwedl**
S. Baring-Gould).

Iestyn, Ymherawdr Caer Cystennyn fawr,
Fe fynnai 'i throi'n brif ddinas daear lawr;
Ond meddai, " Nid oes yma deml yn awr,
Sy'n deilwng o ran maint a marmor coeth,
I'r Duw anfeidrol fawr, yr Unig Ddoeth.

" Cyfododd Solomon gynt ei deml i'r Iôr
Gan gludo cedrwydd Libanus hyd y môr.
Rhagorfraint ! Ond cynlluniaf fwy o les
I'm dinas,—fel rhagoriaeth aur ar bres.
Cyfodaf eglwys fwya'r byd i'm Rhi,
Er clod i'w Enw—a chlod i'm teyrnas i.

" Derbyniodd Solomon roddion llawer un;
Minnau a dalaf yr holl draul fy hun.

" Felly, fy Rhingyll, dos trwy'r ddinas. Pâr
Gyhoeddi â llef utgorn ar bob sgwâr
Ein bwriad rheiol i godi eglwys ddrud
A'i mawredd yn rhyfeddod yr holl fyd,
Ac na chaiff undyn arall ran o'r mawl,
Cans clirio'i chost yn gyfan fydd fy hawl."

Cyn hir mae'r seiri wrthi â'u holl nerth,
A'r eglwys hardd yn codi'n adail serth ;
Y muriau marmor, y colofnau cain,
Y pyrth, y gangell, a'r pileri main.
Toc, uwchlaw'r ddinas nofia'r gromen wen
Fel tegwch lloer yn nofio ar las y nen.
O'i mewn mae llun seraffiaid llon eu llef,
A throella'r engyl o gylch Brenin Nef.

Yna, ar banel marmor uwch y ddôr,
Lle daw'r dinaswyr 'fory i deml yr Iôr,
—Yn uchel, fel y'i gwelo pawb o'r bron,
Tyr y cerflunydd yr arysgrif hon
Yn ddwfn i'r maen i aros yn ddi-wyw :

Iestyn Ymherawdr a'm rhoes yn dŷ i Dduw.

. . . .

Bellach, ar lef yr utgorn mingorn mawr,
Rhwng dwy reng hir y dorf sy'n plygu i'r llawr,
Daw'r Osgordd Ymerodrol, deg ei gwawr.
Aur ac ysgarlad pob rhyw faner fras
Sy'n chwyfio'n ddewrwych ar yr awyr las.
Ymlaen saif San Soffïa'n ddisglair wyn
Fel gemwaith rhew ar fanc o eira'r bryn.
A chyda'i osgordd, ar ei nwyfus farch,
A'i drem falchïaidd yn gorchymyn parch,
Fe ferchyg Perchen hanner byd a'i Lyw,
At borth ei eglwys i'w chysegru i'w Dduw.

Ac fel y disgyn wrth borth teml yr Iôr,
Daw allan i'w gyfarfod ef, y Côr
Â'u thuser arogldarthu.   Cyn bo hir,
Ar arwydd, gan ryw utgorn arian clir,
Dechreua'r siant :   " Dyrchefwch eich pennau, byrth,
O flaen yr hwn sy'n dyfod megis gwyrth ;
Ac ymddyrchefwch chwi mewn croeso'n awr,
Dragwyddol ddrysau, o flaen ein brenin mawr."

Saif Iestyn ar y trothwy ennyd lem,
A balchder y cyflawniad yn ei drem.
Mae'n syllu ar ei eglwys, hardd fel gem.

Ond ar y panel marmor gwêl y Llyw :

Ewffrasia'r weddw a'm rhoes yn dŷ i Dduw.

" Gosteg " ! fe waedda ar draws y côr a'u cân,
A'i wedd yn awr gan ddig yn goch fel tân,
" P'le mae'r cerflunydd ? . . . Ust, gantorion ! . .Tewch !
P'le mae'r cerflunydd ? . . . Rai ohonoch, ewch
A chyrchwch ef ar unwaith ger fy mron,
Y cnaf a gerfiodd sen y wawdiaith hon.
Ar f'einioes, mi rof wers a ddeil drwy'ch rhawd
Na wneloch enw Cesar yn gyff gwawd !"

Hyrddiwyd o'i flaen y cerfiwr mewn mawr ofn,
" Byw fyth fo Cesar ! "—ac ag ochenaid ddofn ;
" Nid dyna a gerfiais," meddai, " dy enw di,
O Frenin, ar y maen a dorrais i.
Newidiwyd y naill enw am y llall ;
Ac eto, gwêl, mae'r marmor heb un pall,
Ie, gwyrth yw hyn ! . . . Ni allai llaw neb dyn
Roi enw yn lle'r un dorrais i fy hun
Heb adael ar y garreg ôl y cŷn."

" Ha ! " gwawdiai Cesar, " rhwydd it feio'r Nen.
Mae oes y gwyrthiau wedi dod i ben !"

Camodd yr Esgob Batriarch ato ymlaen,
" Frenin," medd ef, " fe'i gwyliais ar y maen
Yn torri'n eglur, ddwfn, dy enw di ;
A gwelodd cannoedd ef, heblaw myfi.
Ni allai unpeth llai na Bys y Ne'
Ei chwalu, a gosod enw yn ei le.
Bu'r Dwyfol Fys, a wnaeth yr ysgrif hon,
Ar galchiad plas Belsasar Babilon.
Ymgroesa dithau'n wylaidd, Nerthol Lyw,
Rhag ofn dy gael yn brin yng nghlorian Duw."

Cymylodd gwedd y Teyrn gan ddicter llwyr :
" Pwy yw Ewffrasia'r weddw ?—Oes neb a ŵyr ?
Pwy yw'r arglwyddes falch a roes ei nod
Ar ddwyn oddi arnaf fi fy nghyfiawn glod ? . . .
Pwy yw Ewffrasia ?" . . .
          Yr oedd pawb yn fud,
" Pwy feiddiodd dderbyn ganddi ei rhoddion drud ?" . . .

Ebr un offeiriad petrus, " Frenin mawr,
Fe ddaeth, ar drawiad bron, i'm cof yn awr
Fod gweddw o'r enw yna ger y cei
Yn byw mewn bwthyn bach.   Yn siŵr, ni chei
Mai honno a fu'n rhoi i'r deml mor hael,
—Gwraig weddw unig, dlawd, a chloff a gwael !"

" Cyrcher hi yma !" . . . Ac fe'i cyrchant hi,
Yn llesg ac ofnus iawn o flaen ei Rhi ;
Hen wreigan droednoeth, dlawd, ar bwys ei ffon.

" Ewffrasia," meddai'r Brenin, " saf gerbron !
Paham y diystyraist gyfraith gron
Trwy roddi, yn groes i'm gair, i'r adail hon ?"

Tan grynu, meddai, " Frenin, ar fy ngair,
Ni roddais i ond coflaid bach o wair
I'r ychen blin, pan lusgent heibio i'm dôr
Y blociau marmor trwm o longau'r môr
Ar hyd y cei, at fur dy demel hael,
Heb feddwl drwg.
          Arglwydd, mi fûm yn wael
Am dri mis llethol, nes daeth llinos fach
I ganu wrth fy mwth a'm gwneud yn iach
Â'i chanig lon . . . Do, fe ddychwelodd ffydd
Wrth wrando arni'n moli Duw bob dydd.

A minnau yn orweiddiog, 'chwyddai 'mron
O serch at Dduw am anfon llinos lon.
A phan adferwyd fi, trwy 'i ddwyfol air,
Mewn diolch tynnais innau beth o wair
Fy ngwely, a'i daflu i'r ychen ger fy nôr
Pan lusgent farmor trwm o longau'r môr.
Ni wyddwn, Arglwydd Frenin, 'mod i ar fai ;
Ond dyna i gyd a rois - i ; dim mwy, dim llai."

. . . .

" Edrych," medd Cesar, " ar y panel fry,
Pa enw a roes Duw uwch dôr ei Dŷ !
Os bechan, wraig, dy rodd ; rhodd cariad yw,
Ac fe'i derbyniwyd tuag at Deml Ddwu
Gan Iesu,—y gostyngedig tan yr iau,
A gwrthod fy rhodd i—rhodd balchder gau.

. . . .

" Weddw, rhoed Ef i minnau trwy ei waed
Gael troedfainc yn y nefoedd wrth dy draed."

BALED LARGO O DRE PWLLHELI

Pan oeddwn i'n hogyn, flynyddoedd yn ôl
A breuddwydion hogyn yn llanw fy nghôl,
Ew ! 'roedd traeth Pwllheli'n olygfa hardd,
Ac yn llawn o'r awen i fachgen o fardd.
'Roedd yno sheltars, a thrams, a mul,
A thyrfa o bobol bob bore Dydd Sul,
Pan fâi'r haul yn twnnu a'r môr yn las,
Yn mynd am dro wedi moddion gras
Gan rodio'n freuddwydiol ar hyd y prom
I gnoi eu cil ar ryw bregeth drom ;
    A ninnau'r hogiau
    Yn dotio ar ffrogiau
Dydd Sul y genethod, a'r awel hallt
Yn dwyn rhosyn i'w grudd a modrwyau i'w gwallt,
Ac yn ffraeo â'n gilydd, heb ddim amhariad,
Pa un ohonynt oedd inni'n gariad,
A'r chwarae'n troi'n chwerw, at daro bron,
Tu ôl i gwt band Glan Môr Solomon,
Nes i'r band ddechrau chwarae emynau neis
O flaen cinio Dydd Sul a'i bwdin reis ;
A'r tywod glân am filltiroedd fel 'tae
Rhyw gryman o aur ar dorri trwy'r bae.

. . . .

Ond pe baech-chi'n gadael y prom a'i swyn
Ac yn mynd ymlaen am Docyn Brwyn,
Tua cheg yr harbwr ac Afon Erch,
A'r cychod pysgota, 'doedd ffordd'no 'r un ferch,
Dim ond iots fel y " Redwing " a'r " Fly Away,"
A chriw o hen bysgotwyr y dre
Yn cyweirio'u rhwydi dan smocio shag,
Ac yn eu plith fe gaech amal hen wag :
" Benja," a " Largo " a " Thwm Pen Slag,"
" Now Ostrelia," a " Siencyn Brawd Huw,"
A " Ned Foreign Bird," a " Bo'sun Puw " ;
Byth yn mynd allan i 'sgota ddydd Sul.
('Roedd Pwllheli'n barchus o'r llwybyr cul),
Ond yn trwsio'u gêr erbyn llanw Dydd Llun
Ac yn dal pen rheswm ag unrhyw un
A ddoi heibio ffordd'no wrtho'i hun
Ag amser i'w sbario ar ei rawd
A tsiou o faco i 'sgotwr tlawd ;
    Pob un yn angori
    Ynghanol ei stori
A'i deud hi fel darn o " *poetic prose.*"

Ond y ffraethaf o ddigon oedd Jesreel Jôs.
Jesreel Jôs, aeth â mi sawl gwaith
I bysgota mecryll.   A dyma ichi ffaith,
'Chymerai-fo byth 'r un geiniog goch
Gan hogyn ysgol sir, ond chwerthin yn groch
" Taw, y lembo !   Dos â'r mecryll i'th fam,
A dywed wrthi na hidiwn-i mo'r dam
Â gwneud pysgotwr ohonot ti,
Yn lle'r pregethwr fwriadodd hi."
Jesreel Jôs, a'm dysgodd yn llanc
Sut y mae gafael yn ddiogel mewn cranc,
A sut y mae gwneud abwyd o ddarn o'ch crys,
A sut y mae teimlo ar flaen eich bys
Blwc bach ar y lein wrth bysgota lledi.
Gwyddai siantis y môr a'r hen faledi,
A sut i gael llinell syth wrth y llyw
Wrth Dŵr Capel Batus neu Fynydd Rhiw.

A llawer i stori ges i ganddo erioed :
—Y smyglars yn dianc rhag Sergeant Lloyd,
A sut 'raeth y " Deuddeg Apostol," yn siŵr
Ar goll yn " Safn Uffern," i waelod y dŵr.
A gwrhydri Jesreel dros foroedd maith
Mewn llawer ysgarmes, a hanes y graith
Uwch ei lygad chwith, pan achubodd-o ferch
Yn San Domingo rhag ysbeilwyr erch,
A'r storm pan oedd llewod gwyllt yn y cargo.

Ond ei stori orau oedd ei stori am " Largo,"
A adroddodd wrthyf ger Tocyn Brwyn
Un bore Sul o hafddydd mwyn,
Nes peri im anghofio'n lân
Am ginio Dydd Sul ac Ysgol Gân.

Wel, y bore Sul hwnnw pan ddeuthum i'r fan,
'Roedd Largo yn eistedd ar fainc y lan
Yn athrist, gan syllu i lawr i'r môr
A'i gap-pig-gloyw " *back-to-fore*,"
Yn eistedd ei hunan a'i ben rhwng ei ddwylo
Mor llonydd â delw, ond yn gwneud sŵn wylo.

Ac meddwn innau : " Be sy' ar yr hen gargo ?
Jesreel Jôs, be' di'r mater ar Largo ?"

" O," meddai Jesreel, " druan ag o !
Mae'r hen bererin ymhell o'i gô'.
Mae o fel'na bob dydd ers dros wythnos, reit siŵr,
Yn ocheneidio uwchben y dŵr,

A'r cyfan, was, o achos rhyw ferch
Sydd heb fod yn digwydd dychwelyd ei serch.

'Rŵan, cymer di gyngor hen lanc fel fi,
A phaid â cholli dy ben, da thi :
Am unrhyw ferch yn y byd mawr, crwn,
Rhag ofn yr ei dithau 'run fath â hwn.
Yn lle syrthio mewn cariad, ac wedyn cael cam,
Sticia di, 'machgan i, at dy fam.
Dyna'r anhwyldeb sy'n poeni'r hen law.
Mae o'n fan 'na bob dydd, ar hindda a glaw,
A'r cyfan, cofia, o achos rhyw ferch ;
A dyma iti, was-i-bach, stori ei serch.

" 'Roedd Largo'n pysgota un nos yn llon,
Bythefnos yn ôl, ar fôr di-don
Ger Trwyn y Garreg, ac yn canu'n iach
Wrth osod yr abwyd ar ei fach
A gollwng y lein tan y lleuad wrth blwm
I'r banc hwnnw lle mae'r lledi trwm.

Yn sydyn reit, dyma andros o blwc
' Ew ! ' meddai Largo, ' dyma imi lwc !
Pysgodyn mawr, ne' mi fwyta'i 'nghap.'
—A dyna'r lein yn rhedeg allan chwap.
' Ohoi ! ', meddai Largo, " sturgeon ne' ddim,
'Run fath â hwnnw " ddaliodd Wil Cim ;
Gwerth arian da a sbri, mi wn,
Yn Siop Rebeca, mi ga'i sofran am hwn.
—Ond gofalus rŵan,—dim toriad, dim twyll,
Rhaid ei weindio fo i mewn gan bwyll, gan bwyll."

A dyna weindio'r lein, yn ara' dirion.
Ond Bobol Annwyl ! Gwared y Gwirion !
Be' welai Largo'n dwad i'r top ?
Morforwyn brydferth fel lolipop,
Yn esgyn i frig y dyfroedd hallt
A'i fachyn-o'n sownd ym modrwyau'i gwallt.
A hwnnw fel arian byw, wyt ti'n dallt ?

Wel, 'fedrai Largo ddeud yr un gair,
Ond syllu arni fel ffŵl pen ffair.
Un 'swil ydi o efo merched erioed,
Un ynfyd o swil, o ddyn trigain oed,
Ac er fy mod innau fel yntau'n hen lanc,
Nid am yr un rheswm—Be' ddwedaist ti ? **Swanc** ?
Cau di dy geg, ne' chei-di mo'r stori.

'Roedd Largo mor llonydd â giâr yn gori
Yn eiste'n ei gwch ac yn syllu'n fud
Yn wyneb morforwyn brydfertha'r byd,
Ei gruddiau cyn goched â'r cwrel ei hun,
Ei llygaid cyn ddued ag eirin Llŷn.
A'i gwallt yn 'sgleinio fel arian byw
Ar wyneb y môr wrth ymyl y llyw.
A Largo heb wybod yn iawn beth i'w wneud,
A heb wybod o gwbwl beth i'w ddweud.

" Noswaith dda," meddai merch y wendon hallt,
" Mae'ch bachyn-chi, syr, yn sownd yn fy ngwallt ;
    A mae rhywbeth yn gwingo, 'rwy'n meddwl mai'r
        worm
    Ac yn chwarae hafog â thonnau fy mherm.

" A fyddech chi cystal, syr," ebe hi,
" Â'm gollwng yn rhydd i ddychwelyd i'r lli ?"

    Ar hyn dyma Largo yn torchi ei lawes
    A'i chodi i'r cwch, a hithau'r g'nawes
    Yn eistedd o'i flaen yng ngoleuni'r lloer
    A pherlau'r dwfr rhwng ei dwyfron oer;
    Ond dyna a welai Largo'n beth od
—O'i gwasg i lawr dim ond cynffon cod !

    Â bysedd crynedig, nid ar chwarae bach
    Fe lwyddodd o'r diwedd i ddatod ei fach.

" Diolch, del," meddai hithau mewn llais fel y gwin
    Gan symud i eistedd reit ar ei lin,
    A'i gofleidio'n ei chôl, fel mewn pictiwrs clas,
    A rhoi cusan hir reit dan ei fwstas.
    A Largo'r peth ffôl
    Yn ei gollwng o'i gôl
    A hithau yn llithro i'r dwfr yn ôl.

    Dadebrodd yntau pan welodd o hyn,
    A llefain o ddyfnder ei enaid syn,
    Gan geisio cael gafael trwy sblas y wendon
    Tan olau'r lloer ym môn ei chynffon,
" Forforwyn fach, annwyl, arhoswch yn wir.
    'Rydach-chi'n 'neall i'n well na merched y tir,
    'Ches i 'rioed yn fy mywyd gusan mor hir.
    Na ddychwelwch i'r lli,
    Dowch i fyw efo mi,
    Forforwyn fach, annwyl, gwrandewch ar fy nghri.

'Does gen i'n fy mwthyn ond siambar a thaflod
Ond mae hynny'n well na byw ar waelod
Y môr, yng nghwmpeini penwaig hallt,
A chranc a chimwch yn cerdded trwy'ch gwallt,
A chysgu yng ngwely'r llysywod hir ;
Forforwyn fach, neis, dowch i fyw ar y tir."

Ond gwenu a wnâi merch y môr, gan ddweud
Fod yr hyn a fynnai'n amhosib' ei wneud.
" Ac os mynnwch-chi hefyd wybod pam,
—'Rydwy 'i'n dal i gofio cyngor 'mam,
' 'Dydi hogiau Pwllheli'n hidio'r un dam,
Ar ôl blino caru, be' ddaw o'r ferch,
Gwylia dithau, 'r un fach, rhag credu i'w serch.

Ac 'rwy'n cofio trychineb Llymri Llwyd,
Cyfnither i mi, a ddaliwyd yn rhwyd
Now Ostrelia flynyddoedd yn ôl.
Fe fu hi mor wirion â mynd yn ei gôl
I fyw ar y lan, ' fel pet,' meddai fo,
I'w eneth fach ddengmlwydd Jemima Jo.
Addawodd Now iddi dwb golchi ei wraig
A'i lanw bob dydd â gwymon y graig,
A Llymri gydsyniodd.

                    Cyn pen wythnos ffromodd
Now Ostrelia wrth weled cregin
A gwymon yn boetsh hyd lawr ei gegin,
A dechrau tuchan ei fod wedi blino
Hel berdys a gwichiaid a chocos i'w chinio.
A Llymri druan ddechreuodd edwino,
Ac yna, o'r diwedd, ar ôl iddi huno,
Fe'i gwerthwyd gan Now
Ostrelia, Ow ! Ow !
I sioe anifeiliaid a ddaeth i Bwllheli,
I fwydo rhyw forlo a wnâi gamp â pheli.
Ow, Llymri, a'i chamwedd a'i diwedd dwys,
—Ei gwerthu gan Now am dair ceiniog y pwys ! "

" Wnawn i byth beth felly," ocheneidiai Largo,
" 'Rwy'n nabod Now.—Fe ŵyr pawb, neno'r **argo**,
Nad ydyw hwnnw ond cythraul mewn croen.
Ond, ledi, ni rown ichi funud o boen.
'Rwy'n ddiniwed fel y glomen, yn ffeind fel yr **oen**.
Pe baech chi ond dwad i fyw ataf fi
Fy nefoedd fyddai 'tendio bob dydd arnoch **chi**.

Mi brynwn i bram, a mynd â chi am dro
I weled y dref ac i weled y fro.
Mae 'na bictiwrs ardderchog yn Neuadd y Dre;
Caem fynd yno bob nos fel dau gariad, yntê?
Ac mae Siop Pwlldefaid yn dda am fargeinion,
Mi bryna'i ffrog laes i guddio dy gynffon.
Paid, siwgwr-gwyn-candi, â nofio i ffwrdd ;
O ! tyred yn ôl ataf fi ar y bwrdd !''

Ond taflu un cusan a wnaeth hi â'i llaw
Ac ysgwyd ei phen a nofio draw ;
" Diolch ichi'r un fath, f'anwylyd del,
Ond mae'r peth yn amhosib'.   Ffarwel ! Ffarwel ! ''
Ac fe lithrodd o'r golwg o dan y swel.

. . . .

A byth er hynny mae Largo bob dydd
Yn eistedd fan yma, â'i olwg yn brudd,
Yn eistedd fan yma â'i ben rhwng ei ddwylo,
Yn syllu i'r dŵr ac yn gwneud sŵn wylo,
Yn syllu a syllu i waelod y môr,
A'i gap-pig-gloyw ' back-to-fore,'
Yn syllu i waelod y dyfroedd hallt
Ac yn disgwyl gweld morwyn ariannaid ei gwallt,
Ei gruddiau cyn goched â'r cwrel ei hun,
A'i llygaid cyn ddued ag eirin Llŷn.

Rŵan, cymer di gyngor hen lanc fel fi,
A phaid â cholli dy ben, da thi,
Am unrhyw ferch yn y byd mawr, crwn,
Rhag ofn yr ei dithau 'r un fath â hwn.''

THE ROADMAKER

In Memoriam Col. C. H. Darbishire of The Penmaenmawr
and Welsh Granite Company.

When they brought him his golden lyre,
    The Colonel reached for his hat :
" I had rather go straight to the fire
    Than strum on a thing like that."

And he stamped down the golden pavement
    Till he shocked the orthodox good ;
But St. Peter came to meet him,
    St. Peter understood.

" Oh have you no work, St. Peter,
    That a man like me could do ?
I can't be twanging harp-strings
    All Eternity through.

" Or, better still, have you battles
    In the service of the Lord ?
My garments are peaceful garments,
    But I still have my trusty sword.

" Have you any tyrants to vanquish ?
    Have you any knaves to quell ?
I fought them on earth, Simon Peter,
    And I'll fight them here as well."

But St. Peter sighed somewhat sadly :
    " Nay, here is Eternal Calm,
And a crown instead of a helmet,
    And instead of the sword the palm."

" Then have you in Heaven, St. Peter,
    Among the souls that you bless
Any that still may hunger
    Or are broken by pain and distress ?

" My chiefest joy was to seek them
    And help them again and again."
" They hunger no more," said St. Peter,
    " And there shall be no more pain."

" Let me make for the children a playground
    With a hut for games and treats."
" Nay, the boys and girls of this City
    Play safely in the streets."

" Then open the gate, St. Peter,
    For you've nothing for me to do.
I can't be twanging harp-strings,
    All Eternity through."

At the Gates of Pearl St. Peter
    He fitted his key in the lock.
Outside was a vasty desert
    And beyond the desert a rock.

" Now what is that rock, St. Peter ?
    And has this desert a well ? "
" 'T is the Desert of Destruction,
    And beyond that rock is Hell.

" There are Sloughs of Despond in the desert
    And crooked places and rough,
No barriers shut out the wretched ;
    That desert is enough.

" But the King and His Son they would sally
    To rescue those spirits in pain ;
And they look for a good Roadmaker,
    That can make rough places plain,

" To pave a way for their chariot,
    And a way for the children of hate
To march in the Royal Triumph,
    When the crooked has been made straight."

Then the Colonel's face flashed glory
    And he winked at St. Peter's smile ;
" They can keep their blooming harpstrings,
    But this is a job worth while.

" So give me my old Welsh quarrymen,
    —All that in Heaven now dwell,
And give me your Holy Dynamite,
    And we'll blast you a road to Hell.

" And we'll pave with Eternal Granite ;
    —You shall hear our sledgehammers ring,
Till the desert carries a highway
    For the chariot of the King ! "

. . . .

And I saw him march out his workmen
    With theodolite and sword,
Still on his grand old mission,
    —Preparing the Way of the Lord.

CÂN Y CANIADAU

(Trosiad Telynegol)

RHAGAIR I'R TROSIAD

Fy nôd, wrth gyfieithu " Cân y Caniadau " i delynegion Cymraeg, ydoedd ceisio cyfleu lliw a blas a pheraroglau y cerddi prydferth hyn yn hytrach na'u trosi air am air. Eto, nid aralleirio fersiwn y Beibl Cymraeg ar gân a wnaed; oferedd fyddai ceisio gwneuthur hwnnw'n fwy barddonol trwy ei docio â mydr cyson ac odl ; fel darn o brôs y mae peroriaeth hwnnw eisoes yn berffaith.

Efallai, er hynny, y gall cyfieithiad newydd egluro rhai pethau ni wnaed yn amlwg yn y cyfieithiad clasur, ac y gall cyfieithiad ar gân (pan yw'r gwreiddiol yn farddoniaeth), gyfleu'r awyrgylch yn fwy effeithiol na chyfieithiad prôs. Dyna'n syml ydoedd fy nôd.

Nid dyma'r tro cyntaf i fardd gyhoeddi trosiad mydryddol o " Gân y Caniadau " yn Gymraeg. Fe wnaed hynny gan John Hughes, Pontrobert yn 1821, ond go ddi-eneiniad yw'r cynnig gan ei fod wedi ceisio mydryddu ei esboniadaeth athrawiaethol arni yn ogystal â'r Gân ei hun. Dyma'i bennill agoriadol :

> Cân y Caniadau ydyw hon
> A Solomon yw'r awdwr.
> Y mae ar destun mawr a dwys
> —Yr Eglwys a'i Hiachawdwr.

Fe fu o leiaf dri ymgais arall heblaw un John Hughes,—gan Owain Gwyrfai, y Waunfawr, yn 1820 ; gan Dewi Mai, Llanelli yn 1837, a chan A. Rhys Thomas, Llundain, yn 1870. Ac fe fu un cynnig ymhell o flaen dyddiau John Hughes, sef yn 1725 gan Thomas Baddy, gweinidog yr Annibynwyr yn Ninbych. Fel hyn y cyfeiria John Hughes at y trosiad hwnnw yn ei ragair : " Wedi i mi orffen y gwaith gwelais ddernyn o hen lyfr wedi ei argraffu ynghylch can mlynedd yn ôl ar Lyfr y Caniadau ; ei ddull oedd fel hyn—yr adnodau ar gân, ac yna esboniad byr arnynt mewn iaith rydd ; ond nid oeddwn i yn canfod dim ardderchowgrwydd yn y rhan brydyddawl ohono." Darllenais innau trwy'r ddau gyfieithiad, a chyda phob parch i ddyfarniad John Hughes, y mae " rhan brydyddawl " gwaith Thomas Baddy yn tra rhagori arno gan fod Baddy wedi cyfyngu ei benillion i ddarluniau'r gwreiddiol heb fydryddu ei esboniadaeth o gwbl :

> Yn holltau'r graig fy nghlomen bur,
> Cadarnfur yw dy lety,
> Ac yn llochesau grisiau caeth
> Rhag ofn i'r saeth dy ddrygu.
> Gad imi weled dy lân bryd
> A'th hyfryd lais ei glywed,
> Canys dy lais sy beraidd iawn
> A'th olwg lawn cyn hardded.

" Rhai a sugnant wenwyn o'r llysieuyn melys hwn," meddai Thomas Baddy, " ond i Dduw bo'r diolch am ddarllenwyr eraill o feddwl pur ac iachus."

Os llwyddais innau i gyfleu i'm cydwladwyr ryw ychydig o'r prydferthwch synhwyrus sydd yng Nghân y Caniadau yn y gwreiddiol,—prydferthwch noeth fel Efa cyn gwybod ohoni gywilydd na mursendod, ac os edfryd hynny i'n dychymyg heddiw liw a phasiantri'r llawr dyrnu yn Syria nos y neithior,—digon. Rhoes y beirdd gwerin Hebreig a ganodd Gân y Caniadau ddiddanwch i gariadon eu gwlad a'u hoes hwy eu hunain gan eu dysgu i wneud yn fawr o serch—y rhos diwywo a dyf o'n marwol glai ; byddai'n well gennyf innau feddwl fy mod wedi llwyddo i gludo peth o sawyr Rhosyn Saron a Lili'r Dyffrynnoedd i gariadon Cymru na llunio ohonof gyfieithiad a fai'n llythrennol drwodd a thro.

Pa un bynnag ai un bardd ai nifer o feirdd a gynhyrchodd y ceinder a elwir yn gyffredin, ac yn anffodus, yn " Ganiad Solomon " ; pa un bynnag ai drama-ddau-gymeriad ydyw (sef Solomon a'r wyry o'r Gogledd) ; ai ynteu a oes yma drydydd cymeriad (sef hefyd y llanc o fugail ; gwir gariad y wyry, a'i dug yn ôl i'r wlad), fel y cred rhai ; pa un bynnag ai un cyfanwaith sydd yma, ai ynteu gerlant o delynegion serch, a genid mewn priodasau yng ngwlad Canan ; pa un bynnag a oes yma ystyr allegol ai peidio ; pa alegori bynnag a fynner ei darllen i mewn i'r gwaith ; ai perthynas yr heuldduw Tamws â'r famdduwies Istar, pan elai merched Salem allan i ddawnsio yn y gwinllannoedd er dathlu'r briodas ffrwythlon ; ai perthynas Iafe, y Priodfab, â'r genedl Hebreig ;—(megis y dysgai rhai o'r hen rabbiniaid) ; ai perthynas Crist, y Priodfab, â'r eglwys ac â'r enaid ; —(megis y dysgai llawer athro Cristnogol yn ôl Origen, er mawr gyfoethogiad i'n hemynyddiaeth ni yng Nghymru, ac yn arbennig emynau Ann Griffiths) ; —y mae modd i'r neb a fynno gymhwyso unrhyw un o'r damcaniaethau hyn at y cyfieithiad mydryddol hwn fel at y cyfieithiad awdurdodedig.

Credaf fy hun mai blodeuglwm o delynegion dramatig gwledd y neithior yw " Cân y Caniadau,"—rhai hwy a rhai byrrach. Felly y rhennais y gwaith yma, ond nid oes gennyf unrhyw awdurdod uwch dros y rhaniadau hyn na'm greddf bersonol. Mentraf gredu, er hynny, fod mwy o synnwyr ynddynt nag yn y dull y torrwyd fersiwn y Beibl arferol yn benodau ac adnodau.

Eithr tra bo'r ysgolheigion yn datrys y problemau hyn i gyd, deil apêl Cân y Caniadau at ddychymyg beirdd ac at galonnau cariadon llawer gwlad a llawer oes.

Gwin serch y Dwyrain sydd yma, gwin digon rhinweddol i gadw rhywfaint o'i liw a'i flas a'i befr heulog, gobeithio, er ei ail gostrelu.

CÂN Y CANIADAU

I

MAE DY GARIAD FEL Y GWIN

Y Ferch :

Cusana fi, f'anwylyd, fin wrth fin—
Drachtio dy serch yw drachtio myrllyd win.
Hyfryd dy ennaint, hyfryd fel dy enw
I gyffwrdd calon llances megis rhin.

Tyn fi, a mi a redaf ar dy ôl,
Fy mrenin ; ymhyfrydaf yn dy gôl.
Ac yn nirgelwch yr ystafell neithior
Sugnaf dy serch fel haul ar wlithog ddôl.

A gwyn rianedd Salem wrth dy glun,
Cusenaist ti a'r haul ryw wledig fun,
Tywyll ond lluniaidd ydyw pebyll Cedar ;
—Nac edrych ar fy lliw ond ar fy llun.

Cedwais y gwinwydd rhag ei ddeifiol fflam.
Mor galed wrthyf ydyw hil fy mam,
—Fy rhoi bob dydd i drin gwinllannoedd eraill
A'm gwinllan i fy hun yn cael cam.

II

LLUEST Y BUGAIL

Y Ferch :

Pa borfa i'th ddiadell heddiw a fydd ?
A than ba lwyn y llechwch ganol dydd ?
Mynega imi, fugail fy serchiadau,
Rhag gwawd bugeiliaid eraill tan y gwŷdd.

Y Mab :

Degwch pob tegwch, oni wyddost hyn,
Dilyn yn ôl y praidd hyd lethrau'r bryn.
Portha dy fynnod dro gerllaw ein pebyll,
—Mi adwaen droed ysgawnach na throed myn.

Yr Oed

Y Mab :

> Disglair yw'r gemau yn dy wallt a roed ;
> Disglair yw'r lleuad hithau'n cadw oed ;
> Ond haul uwch cerbyd Pharo'r Aifft ni fflachiodd
> Ar ddim mor ddisglair â thydi erioed.

Y Ferch :

> Gorwedd, fy mrenin, wrth fwrdd gwledd dy dlos.
> Yf win, a'th ben ar f'esmwyth fynwes ros.
> Ac yma, lle bu'r myrr yn hyfryd bwysi,
> Cei orffwys rhwng fy mronnau pêr drwy'r nos.

Y Mab :

> Pereiddiach rhwng dy fronnau yw fy mhen
> Na Chainc Paradwys, pan flodeuo'r pren
> Yn Engedi rhwng dau swp pêr o rawnwin.
> Mor brydferth ydwyt oll, fy nghlomen wen.

IV

Galwad Lili'r Maes

Y Ferch :

> Tyred, fy mrenin, gyda'th Swlamaes.
> Newid dy dŷ am ddistiau'r cedrwydd llaes.
> Bydded ein gwely'n îr tan falm ffynidwydd,
> Cans rhosyn gwyllt wyf fi a lili'r maes.

Y Mab :

> Os rhosyn gwyllt, ni chaed yr un mor gain ;
> Os lili'r maes, lili tan wlith fel glain.
> Felly y mae f'anwylyd ymysg merched,
> —Megis y lili wen ymysg y drain.

Y Ferch :

> Dy gysgod a fu trosof rhag yr hin,
> A'th felys ffrwyth yn torri syched blin.
> Felly y mae f'anwylyd ymysg meibion,
> —Afallen beren ymysg prennau crin.

V

GWINDY'R NEITHIOR

Y Ferch :

Pan ddug fi hyd y gwindy, taenodd dderch
Faner ei gariad tros yswildod merch.
Un llaw a'm daliai,—y mae serch mor gadarn ;
A'r llall a'm mwythai,—tyner iawn yw serch.

Llesmeirio 'rwyf gan wefr ei gariad mawr.
Adfywiwch fi ag afal pêr ei sawr.
Na, Ferched Salem,—Myn Yswildod Ewig !—
Ofer cyffroi fy serch nes delo'i awr.

VI

CATHL Y GWANWYN

Y Ferch :

Ust ! Llais f'anwylyd ar y clogwyn draw.
Wele fo'n llamu'r bryndir yn ddi-fraw ;
Ac megis llwdwn hydd neu iwrch ysgafndroed,
O graig i graig i lawr i'm bwth y daw.

Mae'i wyneb annwyl wrth fy ffenestr i ;
Mi glywaf rhwng y dellt ei lawen gri,
Holl alw'r Gwanwyn yn ei lais yn gwahodd :

Y Mab :

Cyfod, fy mhrydferth fach, a dere di.

Gaeaf a Gwanwyn bellach sydd wahân ;
Y glaw a gliriodd ; edrych—wybren lân !
Gwêl fel mae'r blodau eto ar y ddaear.
Clyw fel y gwybu'r adar dymor cân.

Gwrando ! Mae llais y durtur yn ein tir.
Gwêl y ffigysbren hen tan ffigys îr,
Ac arogleua egin grawn y gwinwydd ;
Agor, fy nghariad fach, a dere'n wir.

Megis y glomen wyllt, sy'n gwyro'i phen
O holltau'r graig i drydar tua phren
Ei chymar, gwyra dithau drwy dy ffenestr
I drydar wrthyf fi, fy nghlomen wen.

116

Y Ferch :

> Rhaid dal llwynogod bach sydd fore a nawn
> Yn cnoi y gwinwydd pan fônt dyner iawn ;
> Rhaid dal llwynogod bach dy ddannedd gwancus ;
> Y mae i'm bronnau innau egin grawn.

> —Na, eiddo fy anwylyd ydwyf i ;
> Ac eiddof innau, f'annwyl, ydwyt ti.
> Portha dy ddefaid gwyn ymysg fy lili
> Hyd oni wawrio'r dydd dros Engedi.

> Ar ystlys Bether dacw'r llwdwn hydd
> Yn troi i orffwys ar ôl llamu'n rhydd.
> Ar f'ystlys esmwyth, beraroglus, innau
> Tro dithau a gorffwys oni wawrio'r dydd.

VII

BREUDDWYD HIRAETH

Y Ferch :

> Bob nos amdano ef breuddwydio a wnaf,
> Trosi'n ymrwyfus fel ar wely claf,
> Fy ngweld fy hun yn chwilio'r dref amdano,
> A chwilio'n ofer, ni waeth i b'le'r af.

> Crwydro mewn breuddwyd bob ystryd trwy'r dref
> A holi'r gwylwyr swrth yn llaes fy llef ;
> Breuddwydio'i gael, a'i dywys yn ddi-ollwng
> Nes cyrraedd i'm hystafell gydag ef.

> Yno llesmeirio eto o'i gariad mawr.
> Adfywiwch fi ag afal pêr ei sawr.
> Na, Ferched Salem,—Myn Yswildod Ewig !—
> Ofer cyffroi fy serch nes delo'i awr.

VIII

GOSGORDD Y PRIODFAB

> Pa beth yw hwn sydd yn tramwyo'r wlad
> Megis colofnau mwg, neu megis bad
> Ar donnau thus a myrr a phob rhyw darthau
> A lysg apothecari er mwynhad ?

Hwn ydyw elorwely Solomon,
A chedyrn Israel ydyw'r osgordd hon :
Tri ugain gŵr, pob un yn filwr grymus
—Cledd wrth bob clun, a tharian wrth bob bron.

Cerfiodd fy mrenin gedrwydd Libanus
Yn byst i'w elorwely ; aur y llys
Yw'r addurniadau ; porffor dwys yw'r llenni ;
Ond huliwyd ef â phorffor dwysach blys.

Ynddo mae'r brenin dan ei goron.   Dewch,
Ferched Caersalem, gwelwch ef.   Ac ewch
Tan ganu o'i flaen, cans dyma'i ddydd priodas ;
A chyda'i galon yntau llawenhewch.

IX

TEGWCH EI ANWYLYD

Y Mab :

Mor deg wyt ti, mor deg, f'anwylyd dlos,
—Llygaid y glomen sydd trwy d'orchudd rhos,
A gwallt fel diadelloedd geifr Gilëad
Yn llifo o'r bryn,—pob un mor ddu â'r nos.

Y mae it hefyd ddiadelloedd gwyn.
Dy ddannedd claer yw'r diadelloedd hyn,
Fel defaid gwastad-gnaif a'u hŵyn i'w canlyn
Yn dod i fyny o'r olchfa yn y llyn.

Gan fod dy barabl megis arian gloch
Rhaid bod dy wefus fel yr edau goch.
Tyngwn, pe cawn fy llaw o dan dy orchudd,
Mai gwaed pomgranad fyddai gwrid dy foch.

Dy wddf tan ei addurnau fel y Tŵr
Tan estylch gorchfygedig llawer gŵr ;
A'th fronnau fel dau lwdwn iwrch,—dau efell,
Yn pori ym mysg lili ar lan y dŵr.

Teg wyt heb arnat un brycheuyn cudd,
A tharth y thus a'r myrr o'th gwmpas sydd.
Mynnwn gael cyrchu ystlys Bryn y Lili
A pheraidd orffwys oni wawrio'r dydd.

X

Maes o Sŵn Rhuadau'r Llewod

Y Mab :

Tyrd, fy nyweddi, tyrd o Libanus.
Gad Hermon a'i glogwyni crog ar frys.
O gri'r llewpardiaid a rhuadau'r llewod
Dyred i sain telynau gerddi'r llys.

Ba hud a ddug y galon iach o'm bron
A'i chrogi'n ddrylliau wrth dy gadwyn hon ?
Ar un edrychiad gennyt, fy nyweddi,
Llamodd a thorrodd, mal y tyr y don.

Drachtio dy serch yw drachtio myrllyd win.
Nard sydd i'th fron, a llaeth a mêl i'th fin ;
Dy sibrwd fel diferiad mêl o'r diliau,
A'th wisg fel coed Libánon wrth eu trin.

XI

Cathl yr Ardd Gaeëdig

Y Mab :

Beth yw fy ngwyry fach ? Caeëdig ardd.
Beth yw f'anwylyd ? Ffynnon ddofn, a dardd
Dan glo mewn perllan llysiau a phomgranad ;
Ond pan ddatgloer, yn heulog ffrwd y chwardd.

Tyf nard, a saffrwm, rhos, a sinamon,
A Chainc Paradwys yn y berllan hon.
Ond ti yw'r ffynnon gudd, O ! ffrwd Libánon,
—Ffynnon y gerddi a wna'r holl lysiau'n llon.

O ! tyred y gogleddwynt, daeth yr awr ;
A thithau y deheuwynt, chwyth i lawr
Yn dyner dros fy ngardd, gardd y perlysiau,
Fel y gwasgarer bellach ei phêr sawr.

Y Ferch :

Deued fy ngarddwr at ei ardd ei hun,
Bwytaed y ffrwyth nas profwyd gan neb dyn.

Y Mab :

Deuthum i geisio myrr i'm gardd gaeëdig ;
Deuthum i gasglu ei ffrwyth, fy mun, fy mun.

XII

BREUDDWYD BRAU

Y Ferch :

Cysgwn un nos a'm calon ar ddihun.
Breuddwydiwn glywed curo, ac ef ei hun,
Fy nghariad, yno'n galw : " Agor imi ;
Llaith yw fy ngwallt gan ddafnau'r hwyrnos, fun."

" Diosgais i fy nillad, a pha fodd
Y codaf a difwyno 'nhraed, yn rhodd ?"
—Estynnodd yntau'i law trwy dwll y glicied ;
Yna fy nghalon yn fy mron a drodd.

Mi redais at y drws fel un o'i cho'
A'r myrr o'm bysedd hyd hesbennau'r clo,
Agorais i'm hanwylyd. — Diflanasai.
Nid oedd ond crïo'r gwynt lle galwai o.

Er gweiddi ei enw ganwaith ar y gwynt,
Ni ddaeth ond gwylwyr sarrug ar eu hynt
O gylch y dref, a'm taro a rhwygo 'mantell.
Paham na ddoi f'anwylyd megis cynt ?

XIII

TYNGHEDU MERCHED SALEM

Y Ferch :

A ! Ferched Salem, mi 'ch tynghedaf chwi,
O chewch yn unman fy anwylyd i
Dywedwch wrtho 'mod i'n glaf o'i gariad.

Merched Salem :

Beth yw d'anwylyd, o'n tynghedir ni ?

Y Ferch :

F'anwylyd sydd yn wridog ac yn lân ;
Perl drutach na deng mil o'r perlau mân.
Ei ben arglwyddaidd o dan goron euraid,
A'i wallt modrwyog, gloywddu, fel y frân.

Llygaid fel trem y glomen dros y dŵr,
Dau lyn tryloywon,—difreg a di-stŵr.
Gwely o beraidd lysiau yw ei ruddiau,
A lili cochion yw gwefusau'r gŵr.

Tecach na gwythi ffïol borffyri
Yw gwythi ei gorff,—saffir mewn ifori.
Colofnau marmor ydyw ei forddwydydd,
Ac euraid ydyw traed f'anwylyd i.

Arglwyddaidd fel y cedrwydd ydyw ef,
Tal fel Libánon sydd yn dal y nef.
Un felly yw f'anwylyd, ferched Salem,
A'i gusan megis gwefr y fellten gref.

Merched Salem :
Decaf o'r gwragedd, dywed i b'le'r aeth
Fel y'th waredom mwy o'th hiraeth caeth.

Y Ferch :
I lawr i'w ardd, i wely ei bêr-lysiau,
Ac yno troi i gasglu lili a wnaeth.

Ond dwedwch mai ei eiddo fyth wyf i,
Na ŵyr fy hiraeth beunos ond un cri :
" Bugeilied megis cynt ym mysg fy lili
Hyd oni wawrio'r dydd dros Engedi."

XIV

O ! Tyn y Gorchudd

Y Mab :
Er bod dy gorff yn deg, fy Swlamaes,
Yn ail i'r saffrwm ac i'r lili llaes ;
Mae fflach dy lygaid fel fflach llu banerog.
Tro draw dy drem rhag imi ffoi o'r maes . . .

Heddiw gad imi syllu ar fy nhlos
A'th wyneb annwyl heb y gorchudd rhos,
A llif dy wallt fel pan fo geifr Gilëad
Yn llifo o'r bryn,—pob un mor ddu â'r nos.

Gad weled mwy—dy ddiadelloedd gwyn.
Dy ddannedd claer yw'r diadelloedd hyn ;
Fel defaid gwastad-gnaif a'u hŵyn i'w canlyn
Yn dod i fyny o'r olchfa yn y llyn.

Clywais dy barabl, sydd fel arian gloch ;
Gad weled gwefus sydd fel edau goch ;
Wele fy llaw yn tynnu'r gorchudd ymaith
—Ie, gwaed pomgranad *ydyw* gwrid dy foch.

XV

Yr Un Perl Gwerthfawr

Y Mab :

Trigain oedd breninesau Solomon.
A phedwar-ugain gordderch ger ei fron,
Yr oedd llancesau'r brenin heb rifedi ;
Ond un yw 'nghariad—fy nihalog hon.

Gwyliwch na ddelo iddi unrhyw gam ;
—Fy nhrysor pennaf, unig ferch ei mam.
Wrth weled ei phrydferthwch, Merched Salem
A ganodd glod fy mhrydferth fach, ddi-nam :

" Pwy ydyw hon sy'n ddisglair fel y wawr,
Neu fel disgleirdeb lloer yn llathru'r llawr,
Neu fel disgleirdeb haul ar lu banerog ?
Dallwyd ein trem gan fflach ei thegwch mawr."

XVI

Dawns y Cledd

Y Ferch :

Euthum un dydd i waered i'r ardd gnau
I weld a oedd y prennau yn irhau,
A chyn im wybod daeth cerbydau'r brenin
I'm cipio i'w lys, ymhell, ymhell o'm pau.

Y Gwesteion, yn eistedd ar garped y neithior :
Ferch Sŵlam, tro, gerbron yr hwn a'th fedd.
Dawns, O ferch Sŵlam ; gad in weld dy wedd.

Y Ferch :

Pa beth a fynnech weled gan ferch Sŵlam ?

Y Gwesteion :

Ei gweled hi yn dawnsio Dawns y Cledd.

· · · · · ·   · · · · · ·   · · · · · ·   · · · · · ·

O ferch pendefig, mor ysgafndroed wyd,
A'th gluniau'n siglo tan yr euraid rwyd,
Fel siglo dolen aur mewn cadwyn berffaith
A luniodd meistr cywraint mewn llawn nwyd.

Dy wasg mor lluniaidd â gwasg ffïol gron ;
Dau lwdwn iwrch o efell dy ddwy fron ;
Fel gwenith gwyn a blodau yn nawns yr awel
Y plyg dy degwch trosom, neu fel ton.

Dy wddf sydd fel y Meindwr Ifori ;
Pysg-lynnoedd Hesbon yw dy lygaid di
Wrth borth Bath-rábim ; ac ail Twr Libánon
Y cyfyd dy brydferthwch trosom ni ;

Cans uchel megis Carmel yw dy ben
A'th wallt fel porffor gloywddu tan dy len.
Caethiwaist frenin : wele un o'th dresi
Yn dal ei galon megis cadwyn den.

XVII

MOLAWD MERCH

Y Mab :

Fy mhrydferth, yn dy degwch llawenhawn.
Lluniwyd dy gorff i gariad hyfryd, llawn,
Canys yr wyt yn dalsyth fel palmwydden
A'th fronnau fel dau swp o'i pheraidd rawn.

Ffrwyth fy mhalmwydden sydd fel clwstwr sêr.
Ymaflaf yn ei boncyff îr, a mêr
Ei sypiau grawn a dynnaf hyd fy ngenau
Nes blasu ei chusan, sydd fel afal pêr.

" Afal," a ddwedais ?—Na, ond meddwol win
Sy'n awr yn llithro tros fy ngwefus grin.
Gwefusau'r marw eilchwyl a lefarai
Pe caffai yntau brofi blas dy fin.

XVIII

YN ÔL I'R WLAD

Y Ferch :

" O ! f'annwyl, na chaem ddianc," yw fy llef ;
Ac ataf i mae'i holl ddymuniad ef.
" Tyrd ynteu, 'nghariad, lle bydd Cainc Paradwys
Uwchben ein gwely, ymhell o dwrf y dref.

" Dychwelwn i'r gwinllannoedd gyda'r wawr
I edrych a oes blodau yno'n awr,
I edrych a agorodd egin grawnwin,
—A ddaeth i'r pren pomgranad ei bêr sawr.

" Yno cei brofi nwyd cusanau hir
Afalau Cariad, mandragorau'n tir :
Ffrwyth hen, o'r fath a hoffit, a ffrwyth newydd.
—Ni phrofaist eto ond blaenffrwyth cariad gwir.

" A ! fy anwylyd, pe baet imi'n frawd
A sugnodd fron fy mam, yn gnawd o'm cnawd,
Cusanwn di, ni waeth pa le y byddem ;
Cusanwn, heb ofn cerydd neb na'u gwawd.

Arweiniwn di yn syth i dŷ fy mam.
Rhoddwn it win, a neb yn holi pam.
Dy ddehau law'n ddi-gerydd a'm hanwesai,
A'th aswy law a'm daliai rhag pob cam.

Gwrthodais, Ferched Salem, brofi sawr
Eich afal pêr, a'm serch heb ddod i'w awr ;
Ond llawenhaf, mae'r hen afallen heno
Tros dŷ fy mam a'i ffrwyth yn plygu i'r llawr.

Y Pentrefwyr :
Pwy ydyw hon a ddaw yn ôl i'r wlad
A'i phwys yn drwm ar fraich ei harglwydd mad ?

Y Mab :
Dan yr afallen beren hon y'i ganed ;
Dan yr afallen boed in lwyr foddhad.

XIX

CARIAD ANNIFFODD

Y Mab :
Gosod fi ar dy galon megis sêl
A'm cariad am dy fraich fel breichled gêl.
Mae rhin mewn cariad, cryfach yw nag Angau,
Digon yw cariad pa beth bynnag ddêl.

Cariad yw'r fellten a oddeithia'r nen.
Pa ddyfroedd a ddiffoddai ei fflam wen ?
Cynigied teyrn holl aur ei blas am gariad ;
Chwerthin a wnâi cariadon am ei ben.

XX

CATHL Y CHWAER FACH

Y Mab :
Llances fach ddifron eto yw fy chwaer,
Pa beth a wnawn pan ddelo'r carwyr taer?

Y Ferch :
Rhoi bolltau cedrwydd, os bydd ddrws agored.

Y Mab :
Rhoi gwaddol arian arni, os bydd gaer.

Y Ferch :
Caer oeddwn i a'm dwy fron fel dau dŵr,
Caer anorchfygol heb gydnabod gŵr.
Ond pan warchaeaist ti, 'nghoncwerwr, arnaf,
Toddodd y tyrau cedyrn hyn yn ddŵr.

XXI

Y DDWY WINLLAN

Y Mab :
Gwinllan a blannodd Solomon ei hun
Ym mro Baal-Hamon ; ac i bedwar dyn
Gosododd hi er mil o ddarnau arian,
Pob croeso !—Ond fy ngwinllan i yw'r fun.

Cyfrifai'r brenin fil o ddarnau'n fael
Gan y cymerwyr hyn, a'u galw'n hael.
Minnau, pe rhoent ddeng mil am ffrwyth fy ngwinllan,
Dirmygu a wnaethwn y fath gynnig gwael.

XXII

MI GANAF GÂN F'ANWYLYD

Y Mab :
O ! ferch gardd lysiau'r wlad, erglyw un cais—
Clybu'r pentrefwyr lawer tro dy lais
Yn canu dan y lloer ym mysg y lili ;
Heno i minnau cân.   Dwg hedd i'm hais.

Y Ferch :
Ar ystlys Bryn y Myrr mae'r llwdwn hydd
Yn gorffwys heno mewn perlysiau ynghudd ;
Gorffwys ar f'ystlys bêr, a chanaf innau
Gân fy anwylyd oni wawrio'r dydd.

PRYDDESTAU

BUDDUGOLIAETH

" Onid gwaed y gwŷr a aethant mewn enbydrwydd am eu heinioes yw hwn ?—2 *Samuel xxiii,* 17.

Mae'r diwedd yn ymyl, on'd ydyw'n awr ? Mi welaf yn glir wrth
    eich gwedd ;
Gobeithiwn fynd adref i wella 'nghlwyf, ond bellach 'does gartref
    ond bedd ;
Mor hyfryd eich clywed chwi, padre, fel hyn yn sôn am dosturi'r
    Crist ;
Rhyw hogyn go ofer a fûm i'n 'te ? O fel mae fy enaid yn drist !
Nid trist, cofiwch, padre, oherwydd dim ofn y gosb sy'n fy aros,
    chwaith ;
Beth bynnag yw uffern, cerddais drwy'r tân â'r gwn yn fy llaw
    lawer gwaith.
Ar brydiau 'rwy'n meddwl daw gweddi fy nhad i'm tywys i borth
    y nef,
Efallai yr egyr yr engyl y drws pan glywant ei ymbil ef.
A hwyrach os hyrddir fy ysbryd blin i ganol gerwinder y fflam,
Cyn ysu fy enaid diffoddir y gwres gan ddagrau tyner fy mam ;
Nid trist yw fy enaid oherwydd y tân sy'n llosgi drwy'r oesoedd
    maith,
Ond trist wyf oherwydd gadael y byd cyn cerdded chwarter y
    daith.

Sut byth y caf orffwys wrth orwedd mewn bedd mor bell o'm cyn-
    efin dir,
Mewn gwlad a'i heulwen bob amser mor boeth, a'i gwellt am
    gyn lleied mor îr ?
O Dduw ! na chawn orffwys ar lethrau'r Eifl lle mae'r pridd yn
    rhywiog a glân ;
Lle bwrlwm aber rhwng meini a drain, mor beraidd, mor barod
    ei chân ;
Fan honno mi hunwn yn chwiban y gwynt ymhell o helbulon byd,
Mi hunwn er dyfod rhyw ddydd ar ei hynt ddaeargryn i siglo
    'nghrud ;
Mi hunwn yn sŵn hwiangerddi'r môr, " hen gartre' meddyliau o
    hedd,"
A churai calon yr Eifl wrth fy nghlust.—Fan honno yr hoffwn
    gael bedd.

'Rwy'n cofio'r dydd daethom allan yn anferth gymysglyd lu ;
A neb yn meddwl am farw, ond pawb â Thynged o'u tu.

Glanio i gwrdd a'r gelyn, allan dros ddyffryn a gallt,
A'r mellt yn fflachio o'n llygaid nes ysu ein dagrau hallt :

Dydd ar ôl dydd o ryfela, tanio yn ffrwd yn y ffos,
A rhuthr bidogau yn dilyn tan dostur dall y nos,
Dydd ar ôl dydd yn ymlusgo, ennill neu golli rhyw fryn ;
Claddu ein meirw bob noson, a'r sêr yn syllu yn syn.

Cyfodai yr haul, a machludai, heb newid er ingoedd dyn,
Cyfodai'r lleuad hithau fel wyneb y marw ei hun.
Dihoeni yng ngwlad yr heulwen, lle nad oes ond ysgafn wynt,
A'm hysbryd yn ôl ar y morfa, lle rhuthrai'r curlaw gynt.
Hiraeth yn f'enaid am Gymru, hiraeth am awel y Garn,
Am arogl eithin y Towyn, a murmur afon y Sarn.

Un noson yng nghwsg mi welais yr Wyddfa'n cynnal y nef,
A chlybûm orfoledd y ceunant a chri'r gynfinhir gref,
A'r bugail yn galw ar Pero wrth ddychwel efo'r praidd,
A'r wlad odditano yn tonni gan weiriau a gwenith a haidd.
Gwae fi fod breuddwyd cyn fyrred ; ar hanner y nos y bu llef,
A dyma'r gelynion arnom fel rhuthr y wendon gref.

Chwi wyddoch yr hanes wedyn,—caddug o'n cwmpas yn cau,
Dynion ac engyl dynion fan honno drwy'i gilydd yn gwau ;
A Duw'n yr awr dywyllaf yn achub y gwir yn y gad.
('Does neb, nad yw'n credu mewn gwyrthiau, a fu'n ymladd dros
    ei wlad).
Fel ton yn ymgasglu rhuthrasant hyd atom dros y ddôl,
Fel ton sydd yn chwalu ciliasant ag ewyn coch o'u hôl ;
Echdoe dolefent am heddwch : heddyw gwrandawyd eu cri,
Ond, padre, 'n y frwydr olaf fe ddarfu am danaf fi.

Mae'r sôn drwy'r holl ddaear bellach :—' Daeth buddugoliaeth
    a hedd ! '
Hwy'n siarad am fuddugoliaeth, a minnau'n siarad am fedd :

A welsant hwy bris yr ennill ? A welsant hwy'r aberth drud ?
A welsant y lloer a gusana'r gwefusau oerion mud ?
A welsant y clefyd creulon ? A welsant newyn y dref ?
A welsant fwg cartrefi llosg yn esgyn at orsedd nef ?
A welsant y breuddwyd am Gymru—cymoedd a glynnoedd glas,
A'r deffro ynghanol distryw o safn y magnelau cras ?
A welsant wallgofrwydd y clwyfog a gwympo ym merw'r drin ?
A welsant grychau casineb yn rhewi'n ddu ar ei fin ?
A welsant y gruddiau gwelwon a fathrwyd dan garnau'r meirch ?
A welsant y bedd di-enw ? A welsant y cyrff di-eirch ?

Fe gawsom fuddugoliaeth, ond d'wedwch wrth Brydain y pris ;
Dywedwch o flwyddyn i flwyddyn, dywedwch o fis i fis,
Dywedwch o'r wasg ac o'r pulpud, dywedwch yn ysgol y plant,
Dywedwch ym mwthyn y bryniau, dywedwch ym mhlastai y pant ;
Os cofir yr aberth gan Brydain, os Rhyddid o hyd fydd ei llef,
Beth bynnag sy'n dyfod, padre, mae marw fel yma'n nef."

Heno claddasom ef yn un o gannoedd
Yng ngro pellennig Ffrainc.   Ei theg winllannoedd
A wylia drosto.   Ni ddaw twrf y gynnau
I dorri ar ei drymgwsg, nac emynau
Yr awel ato ; ond fe dyf briallu
O'i gylch i ddweud fod serch yn drech na gallu.
Cyn hir o'r ffosydd draw tyf blodau'r menyn,
A lle bu su y fwled daw su'r gwenyn ;
Rhodia dau gariad lle bu'r gwaedlyd fedydd.
Lle sgrechiai'r tân belennau, cân ehedydd.
Nid nwy gwenwynig gludir ar yr awel
Ond sawyr blodau dros y meysydd tawel.
Lle ffrwydrai'r *shrapnel* ddoe yn enbyd gafod,
Ni ddaw ond cenllysg Mai i guro'r hafod ;
A bydd y plant yn chware ar ei rhiniog
Heb weld is pridd yr ardd y bicell finiog ;
Dim ond y " N'ad fi'n angof " glas o'r rhosydd
A ddwed yfory am Olgotha'r ffosydd ;
Ond er i natur guddio'i chreithiau hi
Erys y graith o fewn fy nghalon i.

Safwn yn hwyr i wylio man ei fedd
Ar nos y Fuddugoliaeth, nos yr hedd :
A llawer holwn, ond daeth gwynt y nos
I gipio 'ngeiriau trist dros fryn a rhos.

Ar ddydd cynhaeaf poeth ym merw'r gad,
A llu'r Philistiaid yn ysgubo'r wlad,
Och'neidiai brenin unwaith am gael dŵr
O ffynnon Bethlehem.   Fe gwyd tri gŵr,
Y dewraf ymhlith dewrion, yn y fan ;
Acw o'u blaen y mae banerau ban
Byddinoedd Gaza ; ond wrth godi eu trem
Gwelant tu ôl i'r gelyn—Fethlehem.
A'u llygaid arni rhwygant ffordd drwy'r llu,
Ymlaen, ymlaen, ymlaen, nes clywed su
Cynefin pydew Bethlem.   Tynnu dŵr
A rhuthro adref heibio i'r porth a'r twr
A heibio i'r gwylwyr syfrdan ; ac wrth draed
Eu brenin moes-ymgrymant yn eu gwaed.
Fe welai Dafydd lawer rhwyg a chlwy',
A chan ei ddagrau prin y gwelai fwy,—
Gan gymryd yn ei law gostrelau'r tri :
" O Arglwydd," meddai, " p'odd yr yfaf fi
Werth gwaed fy newrion ? "   Ac ar allor Duw
Tywalltodd offrwm, offrwm dyfroedd byw,
Ar ddydd cynhaeaf poeth ym merw'r gad
A llu'r Philistiaid yn ysgubo'r wlad.

O Brydain ! buost yn sychedu'n hir
Am fuddugoliaeth ac am heddwch gwir.
Fe ddaeth y cyfan, dyma nos yr hedd ;
Ond cofia bris y fuddugoliaeth—bedd !
Ystyria dros ba beth bu farw dy blant :
A yfi di eu gwaed i foddio chwant ?
Ai digon it eu buddugoliaeth hwy ?
Neu a enilli fuddugoliaeth fwy ?
Wrth ganu am ymwared heddiw, clyw :
Mewn buddugoliaeth cofia allor Duw !

Mi safwn felly i wylio man ei fedd
Ar nos y fuddugoliaeth, nos yr hedd,
A llawer holwn, ond daeth gwynt y nos
I gipio 'ngeiriau dwys dros fryn a rhos,
Nes bod y wawr yn torri dros y fan
A'r haul yn codi'n uwch ac uwch i'r lan.

L'ENVOI

(I Gymrodyr y Rhyfel Mawr)

Ar brydiau yn nechrau'r gwanwyn,
　Neu weithiau ar hwyrddydd haf,
Pan fo blodau Duw yn gwrlid
　Dros dwymyn y ddaear glaf ;
Neu'n hwyrach yn hedd y cyfnos
　Pan ddring y lloer dros y rhiw,
A'r sêr tragwyddol yn tywallt
　Tangnefedd fel balm ar friw
Y byd a'i chwantau nwydwyllt,
　A'r awel tan helyg y llwyn
Yn ateb i dôn yr afonig
　Sy'n murmur rhwng y brwyn,
Ac awel y nos yn suo
　Uwch tonnau y meysydd ŷd . . .
A fyddwch chwi'n gofyn, hogia',
　Ai hunllef fu'r cwbwl i gyd ?

MAB Y BWTHYN

Yr oedd mynd ar y *jazz-band*, a mynd ar y ddawns,
A mynd ar y byrddau lle'r oedd chware siawns ;
Yr oedd mynd ar y gwirod a mynd ar y gwin
A mynd ar y tango, lin wrth lin,
Yr oedd mynd ar y chwerthin, a mynd ar y gân,
A'r sŵn fel clindarddach drain ar dân.

Yr oedd yno wŷr heb garu'r awyr iach,
A gwragedd heb wrando cân aderyn bach ;
Gwŷr yn byw ar gawl ffacbys coch,
A gwragedd yn byw ar gibau moch,
Gwŷr heb ddeall fod miwsig mewn nant,
A gwragedd heb wybod anwyldeb plant.

Tlodion oeddem heb weld ein bod yn dlawd,
Eneidiau wedi marw'n trigo mewn cnawd,
Merched a ddawnsiai yn uffern drwy'r nos
Er bod lili'n eu gwallt a pheraidd ros ;
A dynion yn y pwll er eu chwerthin ffri,
Ac yno yng Ngehenna yr oeddwn i.

Yr oedd llenni'r ystafell i gyd i lawr ;
Y mae dynion yn Llundain yn ofni'r wawr.
Yng ngoleuni dyn gall pechod fyw,
Ond a welaist ti bechod yng ngoleuni Duw ?

Dan odre'r llenni daeth golau gwan ;
Yn uffern cyfodais fy ngolwg i'r lan,
A thynnais un o'r llenni i groesawu'r wawr.
O'r braidd y medrwn anadlu'n awr.

Fe ddaeth rhyw syched arnaf, nid syched am win
Ond syched anniddig yr enaid blin.
Wrth syllu ar Yr Afon dan awyr las
Melltithiais y *jazz-band* a'i gerddi cras.

Cans gwelwn wyneb pechod oddi tan y paent,
A'r dawnswyr *jazz* yn hollol fel y maent ;
Cnawd ac ellyll trwy'i gilydd yn gwau,
A'r diafol yn y canol yn gyrru'r ddau.

Agorais y ffenestr i dderbyn y dydd ;
Ac ar fy ngruddiau poeth chwythai'r awel rydd.
Wrth edrych i lawr i gyfeiriad y stryd
Mi welwn y wawrddydd yn deffro'r byd.

Daeth trol dan roncian ymhell i lawr
Ar ei ffordd i Covent Garden, i'r farchnad fawr ;
Ac ynddi yr oedd llwyth o flodau'r grug.
O Dduw ! Y pangfeydd i'm calon a ddug !

Mi ruthrais allan â'm calon ar dân
I olchi fy enaid yn y wawrddydd lân.
Yr oedd swp o'r grug wrth y drws yn y ffos.
Diolchais i Dduw am ei gennad dlos.
A thra cerddwn tua thref a'r grug yn fy nghôl
Fe ddaeth yr hen ddyddiau i gyd yn ôl :

Llechweddau'r grug ! Llechweddau'r grug !
Yno mae bywyd ac nid ffug.
Mae yno ddynion talgryf glân
A'u dyddiau megis darn o gân.
Mae'r gwragedd yno'n wragedd pur,
Heb ddamnio'u plant â chwant a chur.
Ac ni ddaw gwenwyn byd a'i rith
I lygru awyr iach y ffrith ;
Na'r diafol â'i frwmstanaidd fellt
I ysu'r bwthyn bach to gwellt.

O ! gwyn fy myd pan oeddwn gynt
Yn llanc di boen ar lwybrau'r gwynt !
Gan Dduw na chawn i heddiw'r hedd
A brofai'r hogyn gyrru'r wedd !

Pryd hynny'r oedd fy ieuanc fron
A'i cherddi i gyd mewn cywair llon;
Yr oedd fy mywyd oll yn bur
A'm calon fach heb brofi cur.
Unig uchelgais llanc o'r wlad
Yw torri cŵys fel cŵys ei dad.

Heddiw ystyrir fi'n y dre'
Yn ŵr goludog, " Dacw fe ;
'Does fawr ers pan ddaeth yma i fyw,
A gwelwch mor gyfoethog yw."
A chenfigennant wrth fy ffawd.
Ond gwn na fûm erioed mor dlawd.
Pwy bynnag rifir heddyw'r tlota
Yn Llundain, tlotach wyf. Cardota
Am friwsion gweddill byrddau'r byd,
A Duw'n arlwyo gwleddoedd drud
Ar gyfer f'enaid yn y wlad !
A pha sawl gwas yn nhŷ fy Nhad . . .
Rhyw wlad o newyn yw'r wlad bell
I'r neb a ŵyr am drysor gwell.

Mae ar yr eithin drysor drud
Sy'n well nag aur holl fanciau'r byd.
Trysorais ef mewn llawer cod
Lle ni all rhwd na gwyfyn ddod.
Ond Duw a ŵyr pa le yn awr
Mae f'allwedd i'r trysordy mawr.

Ac nid tylawd yn unig wyf :
Y mae fy mron yn glaf dan glwyf,
A syched beunydd ar fy min
Oherwydd grym fy nghlefyd blin.

'Does dim wna f'enaid blin yn iach
Ond dŵr o Ffynnon Felin Bach.
Sawl tro o dan ei phistyll main
Y rhoddais biser bach fy nain ?
Tra llenwid ef â dafnau fyrdd,
Gorweddwn ar y mwsog gwyrdd.
Yno breuddwydiwn drwy'r prynhawn
A'r piser bach yn fwy na llawn,
A'r dŵr yn treiglo dros ei fin
Ac iechydwriaeth yn ei rin
Ar gyfer pob rhyw glefyd blin.

Yr oedd holl ffynonellau'r bryn
Tu ôl i'r dafnau heulog hyn,
Holl ffynonellau'r bryn fel distyll
Eigion dihysbydd yn y pistyll,
A digon oedd, er llifo cŷd,
I lenwi holl biseri'r byd.

Breuddwydiwn yno drwy'r prynhawn
A'm calon fach yn fwy na llawn :
Canys yr oeddwn innau'n byw
Tan bistyll yr anfeidrol Dduw ;
Dan bistyll o'r ffynhonnau gwell
Sy' ym mryniau tragwyddoldeb pell.
'Does neb a ŵyr pa bryd y tarddodd,
Na pha sawl calon drom a chwarddodd
Dan bistyll Duw a'r heulog li
A lawenychai 'nghalon i,
Ond digon yw er llifo cyd
I lenwi holl galonnau'r byd.

O ! gwyn fy myd pan oeddwn gynt
Yn llanc di boen ar lwybrau'r gwynt !
Os bwthyn bach oedd gan fy nhad,
Myfi oedd brenin yr holl wlad ;

Myfi oedd piau cân y gog
A chân yr ŷd a chân yr og,
A'r mwyar gwyllt, a'r llwyni cnau,
A llawer ogof ddu a ffau,
A llawer pwll yng ngwely'r nant,
A nythod adar wrth y cant.

Dychwelwn weithiau gyda'r hwyr
O grwydro'r 'stad mewn lludded llwyr.
Byddai ar ôl y swper iach
Dawelwch dwfn am ennyd bach ;
Yna estynnai mam i lawr
Oddi ar y silff y beibl mawr
A rhoddai ef yn nwylo 'nhad,
Yn ôl hen ddull bythynwyr gwlad.
Darllenai yntau ambell salm
A'i lais yn disgyn megis balm
Ar f'ysbryd ; yna gweddi bêr.
Trwy'r drws agored syllai'r sêr.
Eisteddwn innau wrth y ddôr
Gan synfyfyrio am yr Iôr.
Ac weithiau gwelwn angel hardd
Yn mynd a dod rhwng prennau'r ardd.
Bron iawn na chredai 'nghalon ffôl
Fod Eden wedi dod yn ôl,
A Duw yn rhodio'n hwyr y dydd
Lle siglai'r awel gangau'r gwŷdd.

Ac yn y gaeaf wrth dân mawn
Y fath freuddwydion byw a gawn—
Am farch, a gwayw hir, a tharian,
Pan ruai'r corwynt dros y marian.
Yno'n y " bwthyn bach to gwellt,"
Breuddwydiwn er y storm a'r mellt
A'r glaw, a gurai ar y dalar
A'i lais yn wyllt a chryg gan alar.

O wynfa goll ! O wynfa goll !
Ai dim ond breuddwyd oeddit oll ?
Paham y cefnais ar y wlad
A'r bwthyn bach lle bu fy nhad
Yn eiriol drosof ? A phaham
Y diystyrais ddagrau 'mam ?
Gan Dduw na chawn i heddiw'r hedd
A brofai'r hogyn gyrru'r wedd !

. . . .

O ! mor wahanol ydyw'r byd
O uchelderau'r mynydd mud.
Euthum yn un ar hugain oed
Yn fugail llon i Dy'n y Coed.
Gwyliwn fy mhraidd o awr i awr
Ynghanol y mynyddoedd mawr.
Oddi yno gwelwn Barc y 'Stad
Yn un â thyddyn llwm fy nhad,
A phob clawdd terfyn wedi 'i chwalu
Heb rent na degwm fyth i'w talu.
Rhyw annibyniaeth boeth a gaed
Yn cerdded beunydd drwy fy ngwaed.
Mi gofiwn am fy nhadau gynt
Fu'n ymladd cŷd ar lwybrau'r gwynt.
Yno lle'r ymdrechasant hwy
Anadlwn innau ryddid mwy,
A rhoddwn gyda'r ceunant lam
I 'sgubo ymaith drais a cham ;
A chlywai'r hebog gwyllt ei gri
Yn atsain yn fy nghalon i.

Felly 'roedd mab y bwthyn tlawd
Yn gwrthryfela'n erbyn ffawd
Nes dod i'w fywyd gariad Gwen
I fynd ag ef tu hwnt i'r llen,
Lle ni ddaw dig, na chas, na chur,
Ond heddwch pur, ond heddwch pur.

Gwnaeth Duw un diwrnod wyneb merch
O flodau a chaneuon serch.
I'w llygaid a'u dyfnderoedd mawr
Tywalltodd lawer toriad gwawr.
Rhoes iddi'n galon fflam o dân
Oddi ar un o'i allorau glân.
Anadlodd ynddi ysbryd sant,
A daeth i'n byd fel Gwen Tŷ Nant.

Pan welais gyntaf wyneb Gwen
Gwelais fod stormydd f'oes ar ben.
Gwelais yn nwfn ei llygaid hi
Yr hedd a geisiai 'nghalon i,
Ac yn ei mynwes hafan glyd
I ffoi rhag holl ddrycinoedd byd.

Pan welais eilwaith wyneb Gwen
Hi aeth â mi tu hwnt i'r llen
I gyfrinachau'r sêr a'r coed :
Deallai hi eu hiaith erioed,

Deallai'r llais o'r dwfn a dardd :
Gwnaeth ei chusanau finnau'n fardd.
O'm llid eiddigus hi a'm dug
I weld y nef sydd yn y grug :

" Ti piau'r grug a'r awyr las;
Oes rhywbeth gwell gan fab y Plas ?
" O ! gad y ddaear iddo ef,
A llawenha. Ti piau'r nef.
Mae'r nefoedd yn ein hymyl ni ;
F'anwylyd, tyrd, meddiannwn hi.

" Y mae llawenydd yn y nef
Am bob oen bach a roddo fref,
A pheraroglau'r gwledydd draw
Ym mhob llwyn eithin ar ôl glaw ;
A gorfoledda meibion Duw
Pan ddelo'r ŷd i'r lan yn fyw.

" Gall un fwyalchen arllwys cân
Ostegai fflamau uffern dân.
Gall un ehedydd gyda'r wawr
Dy ddwyn yn iach o'r cystudd mawr.
" Pan gwyd ehedydd," meddai Gwen,
" Agorant ddrws y seithfed nen
I wrando arno. Ac fe gân
Mewn dylif o'r gogoniant glân.
Nes clywi odlau mawl y nef
Yn gymysg â'i garolau ef.
A bellach nid aderyn yw
Ond angel a ddanfonodd Duw
I gario d'enaid clwyfus, trist,
Uwch llygredd byd i wyddfod Crist.
Gall un ehedydd gyda'r wawr
Dy ddwyn yn iach o'r cystudd mawr.
Mae nefoedd Duw o'n cwmpas ni ;
F'anwylyd, tyrd, meddiannwn hi !

" Mae llewych Ei Wynepryd Ef
Yn wyneb holl seraffiaid nef ;
Mae fflach o'r un goleuni glân
Yn wyneb y briallu mân.
A fuost ti yn ddall erioed
O syllu arnynt yn y coed,
Yn ddall yng ngŵydd gogoniant Duw,
Yr hen ni chenfydd dyn a byw ?

" Duw ydyw awdur popeth hardd.
Efe yw'r unig berffaith fardd :
Onid ei delynegion O
Yw'r coed a'r nant, a phlant y fro ?
Onid oes un o awdlau'r Iôr
Ar gynganeddion tonnau'r môr,
A llawer hir-a-thoddaid tlws
Yn sŵn y gwynt o dan y drws ?
Cei ddarllen ei gywyddau pêr
Bob hwyrnos glir yn llyfr y sêr.
Cei weled yn y glöyn byw
Mor wych yw esgyll englyn Duw.
Barddoniaeth Duw o'n cwmpas ni !
F'anwylyd, tyrd, meddiannwn hi ! "

Fel hyn o'm llid eiddigus dug
Fy nghariad fi i nef y grug.

O Wynfa Goll ! O Wynfa Goll !
Ai dim ond breuddwyd oeddit oll ?
Paham y cefnais i ar Gwen
A ninnau'n byw tu hwnt i'r llen ?

. . . .

Yn Rhagfyr daw cymylau du
I guddio'r nefoedd ar bob tu.
Yn Rhagfyr blin yw cŵyn y nant ;
Ni chwery mwy â'r haul a'r plant.
Yn Rhagfyr ocheneidia'r dŵr
Amled â mynwes yr hen ŵr.
Daw'r adar trist at ddrws y tŷ
A'r awel oer yn crychu'u plu.
Yn Rhagfyr darfu swyn y grug,
Y mae ei fonau'n ddu fel pyg.
Ac ym mis Rhagfyr daeth ysgariad
Rhwng Mab y Bwth a Gwen ei gariad.

. . . .

Atseiniwyd galwad corn y gad
Gan garreg ateb bella'r wlad,
A llawer mab a gymerth gledd
I'w law yn lle awenau'r wedd.
Eto, er brwydrau ffyrnig Mai,
Ni chanai'r adar ronyn llai.
Daeth blodau'r drain i wynnu'r gainc
Er yr holl waed yn ffosydd Ffrainc.

Ac nid oedd sŵn y gynnau mawr
Ym Mai i'w glywed gyda'r wawr ;
Ond pan ddaeth Rhagfyr ar ei hynt
'Roedd " Gwaedd y Bechgyn lond y gwynt,"
A rhyw gyfaredd yn ei gri
Yn cyffwrdd gwraidd fy nghalon i.

Yn Rhagfyr cefnais ar y wlad
Ac ar hen fwthyn gwyn fy nhad :
Ffarweliais â'm hanwylyd Gwen
A'r nefoedd sydd tu hwnt i'r llen.

Euthum i wersyll ger y dref
Lle codai gwŷr di Dduw eu llef,
Gwŷr a gyfarthai megis cŵn :
Yno trwy fryntni oer, a sŵn,
A darostyngiad o bob gradd,
Fe'm gwnaethant i yn beiriant lladd ;
Ac yn fy llaw rhoddasant wn,
Ac ar fy nghefn rhwymasant bwn,
Ac anfonasant fi i'r gad
" I ymladd dros iawnderau 'ngwlad."

Yn Ffrainc cyn cyrchu tua'r ffosydd,
A ni'n gwersyllu ar ryw rosydd
Lle 'roedd grug morfa yn ei flodau,
Melltithiais fryntni'r awdurdodau.
Cans clywn y blodau nos a dydd
Yn sibrwd wrthyf : " Bydd yn rhydd " ;
Ac annibyniaeth boeth a gaed
Yn cerdded eto drwy fy ngwaed.

Ond ni chawn yno law fy Ngwen
I'm tywys i'r tu hwnt i'r llen.
Yr ydoedd Gwen Tŷ Nant yn awr
Ynghanol berw Llundain fawr.
Och fi ! yr oedd ei dwylo glân
Yn llenwi y pelennau tân
Sy'n chwythu gŵyr yn 'sgyrion mân.

Cerddai yr hen wrthryfel chwerw
Trwy f'ysbryd balch yn wyllt ei ferw ;
Dau enaid fu yn nef y wlad
Yn gocos ym mheiriannau'r gad !
O'r diwedd troi i'r *wet canteen*
I foddi'r cyfan yn ei gwin.

. . . .

137

Cofiaf o hyd am ing y nos
Gyntaf a dreuliais yn y ffos,
Ac am y gynnau mawr yn bwrw
Llysnafedd tân, ac am y twrw
Pan rwygid bronnau'r meysydd llwm
Gan ddirdyniadau'r peswch trwm ;
A'r dwymyn ;—twymyn boeth ac oer
Pan grynai'r sêr, pan welwai'r lloer.
Cofiaf am y tawelwch hir
A ddaeth fel hunllef dros y tir
Cyn inni gychwyn gyda'r fidog
Ar arch y goleuadau gwridog.

Gwelwn dros ben yr ochor wleb
Ysbrydion gwelwon Rhandir Neb,
A'r gwifrau rhyngom ni a'r gelyn
Yn crynu megis tannau telyn
Tan hud rhyw fysedd anweledig.
Toc daeth y seren ddisgwyliedig ;
A llamodd pob dyn ar ei draed
I gychwyn tua'r tywallt gwaed.

. . . .

Rhwng hanner nos ac un o'r gloch
Daeth un o wŷr yr hetiau coch
I'n hannerch ni gerllaw'r mieri
Lle y buasai ffosydd " *Jerry*."
Mawr oedd y cyffro, mawr y stŵr,
A mawr y parch a gaffai'r gŵr.
Efô oedd Llywydd y Frigâd,
A difa dynion oedd ei drad.
Ond dwedai'r coch o gylch ei het
Na thriniai o mo'r *bayonet*.
'Roedd ei sbienddrych yn odidog,
Ond beth a wyddai ef am fidog ?

Dywedodd, " Wel, fy mechgyn glân,
Aethoch fel diawliaid trwy'r llen-dân.
Ac yn y rhuthr neithiwr lladdwyd
Cannoedd o'r Ellmyn : ac fe naddwyd
Eich enwau ar goflechau'ch gwlad
Gyda gwroniaid penna'r gâd ;
Y mae eich baner heb un staen,
Yr ydym filltir bron ymlaen."

Ond O ! am fynd o'r gwaed a'r twrw
I'r angof sy'n y gasgen gwrw !

Toc clywais ef mewn newydd dôn
Am orffwys a rhyddhad yn sôn :
" Gwobrwyo'ch ymgyrch," " troi o'r drin,"
" Gorffwys o sŵn y brwydro blin,"
" Bataliwn arall," " bwyd a bîr." . . .
(—Ac angof hir ! Ac angof hir ! !).

. . . .

Rhywbryd rhwng un o'r gloch a dau
Yr oeddem drwy'r mieri'n gwau
Yn ôl drachefn am yr hen ffos
Lle safem neithiwr gyda'r nos ;
Yn ôl dros ddaear lithrig wleb
Y fan a fu yn Rhandir Neb ;
O dan y gwifrau-pigog, geirwon,
A thros bentyrrau hen o'r meirwon.
O Dduw ! a raid im gofio sawr
Y fan lle'r heidiai'r llygod mawr,
A bysedd glas y *pethau mud*
Ar glic eu gynnau bron i gyd ?

O'r diwedd cerdded yn lluddedig
O dan fy mhwn drwy'r ffordd suddedig.

Wrth inni drampio'n flin drwy'r llaid,
A'r glaw yn disgyn yn ddi-baid,
Dywedwn wrth fy nghalon drom :
" Byddaf cyn dydd ymhell o'r Somme.
Ffarwel, Gehenna ddu, ffarwel,
Y mae fy wyneb ar Flesselles.
Mae yno winoedd gwyn a choch
I foddi sŵn y gynnau croch ;
Mae yno winoedd coch a gwyn
I losgi 'mhoen fel llosgi chwyn,
A Mimi yn ei barclod ddel
I lenwi 'ngwydr yn Flesselles."

Nid oedd fy meddwl eto'n glir.
Bu rhywbeth yn fy llethu'n hir,
Rhywbeth annelwig.—Ni waeth beth.
'Roedd ceisio cofio'r peth yn dreth.
" Mi fathraf," meddwn, " dan fy nhraed
Bob atgof am y tywallt gwaed.
Mathraf ef dan fy nhraed i'r llaid
Wrth dramp—dramp—drampio yn ddi-baid."

. . . .

Yr un hen westy, 'r un ystôf ;
A'r un *vin rouge* i bylu'r cof ;
Yr un hen feinciau, 'r un hen fwrdd
 chyn i'r bechgyn fynd i ffwrdd :
Yr un atebion ffraeth gan Mimi,
A'r un mor frwd ei chroeso imi.

" Tyrd angel yr *estaminet*,
 Y *Medoc* gorau yn y lle !
 Tyrd, Mimi, chwilia'r seler ddu,
 Y *Medoc* gorau yn y tŷ !"

Byrlyma'r *Medoc* hen i'm gwydr
 Yn ffrydlif goch o'r botel fudr,
 Yn ffrydlif goch o'r gwddw caeth.
 P'le gwelais hyn o'r blaen ?—ta' waeth.
" Rwy'n yfed, Mimi, i'th lygaid glas ;
 Yr arswyd ! beth sydd ar ei flas ?"

Y *Glas* a'r *Coch* ! Rwy'n cofio'n awr !
 —Y dyn a wingai ar y llawr,
 A'r ing yng nglas ei lygaid pur
 Pan blennais ynddo'r fidog ddur ;
 A'r ffrydlif goch, a'r ochain hir :
 'Rwy'n gweld y cyfan eto'n glir :
 A'r lluniau yn ei boced chwith :
 —Llun geneth fach fel Nel fy nith,
 A llanc deg oed mewn dillad llwm,
 'Run bictiwr â fy mrawd bach Twm ;
 A gwraig lygadlon gyda'r plant
 Yn debyg iawn i Gwen Tŷ Nant.
 'Ddaw o ddim adref atynt mwy
 O Arglwydd ! fel y gwaedai'r clwy'.

" Tyrd, Mimi, moroedd maith o win
 I olchi'n lân fy atgof blin."

Yfais i yrru'r boen i ffwrdd.
Yfais nes disgyn dros y bwrdd
Mewn trymgwsg meddw.   Ond fe aeth
Yr arswyd yn fy nghwsg yn waeth.
Gogwyddwn dros y bwrdd yn flin
Mewn breuddwyd erch ar ôl y gwin.
   Ac yn fy mreuddwyd gwelwn dŷ
Gwerinwr yn y Fforest Ddu :
Fel pe dodasent fwth fy nhad
Ar ddaear bell yr estron wlad.

Gerllaw y drws, dan gysgod cainc
Y pren afalau, yr oedd mainc,
Ac arni yr eisteddai'r un
Oedd debyg iawn i'm Gwen fy hun.

Yr oedd yn gwau ysgarff o wlân,
A'i phrysur weill yn fflachio tân
Yr heulwen dros ei thasg ddi gân.
Syllai'n bryderus lawer gwaith
I'r briffordd oedd trwy'r goedwig faith
I dref Rastadt : a rhoddai'i hofn
Ochenaid ar ochenaid ddofn ;
(Ochain y fron, nid ochain mant,
Rhag ofn i'w phryder darfu'r plant
Chwaraeai'n llon o gylch ei thraed
Heb feddwl am y tywallt gwaed).

" Mae Fritz yn hir heb anfon gair :
Tosturia wrthyf, Addfwyn Fair.
Na ddeued iddo ddim ond da :
O Fair Addfwynaf, trugarha."

Arhosai ennyd uwch ei gwau
A'i llygaid glas yn dynn ynghau;
Ond mor agored oedd ei chlust !
Fe glywai'r smicied lleiaf.
                              Ust !

Y Postmon ! Dyna sŵn ei droed
Yn agosáu o ffordd y coed :
" Hans ! Gretchen ! brysiwch.   Dacw'r Post."
—A rhedent mewn cydymgais dost
I geisio gair oddi wrth eu tad,
" Ymladdai dros iawnderau'i wlad."

Y fam ganlynai ar eu hôl ;
A'i chalon wan yn curo'i chôl
Fel aderyn yn ei ladd ei hun
Yn erbyn barrau creulon dyn.
Daw Hans â'r llythyr at ei fam,
Ond rhydd ei chalon egwan lam :
" Nid Fritz " ! — a gwelwa'n fwy pan wêl
Nôd y Llywodraeth ar y sêl.

A'r fam yn darllen yn y tes
Fe ddaeth y postmon tal yn nes ;
O'i glog fe dynnodd gyllell hir.
Gwelais yr haul yn fflachio'n glir

141

Ar greulon lafn ; yna diflannodd ;
Ym mron y fam y cnaf a'i plannodd.

Cwympodd â'r llythyr yn ei llaw
A'r plant yn llefain yn eu braw.
Diferai'r gwaed ar hyd y gwellt.
Ac ar ôl hynny gwelwn fellt
O flaen fy llygaid.   Rhoddais lam
I ddial ar y cnaf y cam.
Disgynnodd yntau megis pren ;
Ond ar y llawr fe drodd ei ben.
Safodd fy nghalon.   O Dduw'r Nef !
Fy wyneb i oedd ganddo ef.

Yr un hen fwrdd, yr un ystôf,
A'r un hen win i bylu'r cof,
A'r hogiau'n chwerthin dros y lle
Tu fewn i'r hen *estaminet.*

Cyfodais i o'm hunllef oer
Yn sobrach dyn.   Yr oedd y lloer
Yn awr â hedd yn golchi'r byd
A rhywbeth yn ei hwyneb mud
Yn galw ar fy enaid i
Nes myned allan ati hi.

Allan mi glywais athrist lais ;
Ai ar y gwynt, ai dan fy ais
Yr oedd, ni wn.   Ond yn y llef
Adwaenwn ei acenion Ef.
A gododd Groes y byd Ei Hun :
—Adwaenwn oslef Mab y Dyn.
Ffoi rhagddo Ef i neb ni roed.
Canlynai fi i gwr y coed
Gan ofyn, " Fab y Bwthyn tlawd,
Paham y lleddaist ti dy frawd ?
Er mwyn bodloni creulon raib
Penaethiaid byd, cymeraist gaib
A rhaw, a thorraist iti ffos,
A llechaist ynddi ddydd a nos
I ladd gwerinwyr.   Pa sawl dyn
A saethaist heb ei weld dy hun
Na chlywed am un waith ei lef,
A heb un cweryl gydag ef ?
A pha sawl tad a pha sawl mam
Sy'n dioddef heddiw am y cam ?
Mewn pa sawl ' bwthyn ger y nant '
Y mae ' gwraig weddw gyda'i phlant ' ?

Fe ladd dy fidog fwy nag un
Bob tro ; a gwelaist trwy dy hun
Mor bell y cyrraedd ; ac mor hir
Y crwydra bwled dros y tir.
Y mae dy gysgod, O fy mrawd,
Ar ddegau o fythynnod tlawd,
A'th arswyd ar gartrefi pell.
Clyw ! Oni wyddost am ffordd well ? " . . .
Ac yna fflachiodd ar fy ngho'
Eiriau a genais lawer tro,
Geiriau a ddysgais gan fy mam
Cyn imi droedio'r llwybyr cam :
" Ffordd newydd wnaed gan Iesu Grist
I basio heibio uffern drist."

Ar hynny gwelwn uwch fy mhen
Ddelw o'r Crist ynghrog ar bren
Yng nghwr y coed. Dylifai'r gwaed
O newydd o ddoluriau'i draed
A'i ddwylo, ac o'i ystlys bur.
Nid hoelion, ond bidogau dur
A'i gwanai. Llefai yn ei gur :
" Pa bryd y dof i lawr o'r groes ?
Pa bryd y paid fy chwerw loes ?
Pa bryd y derfydd Calfari ?
O Fab y Bwthyn, clyw fy nghri ?
Fy mrawd, lama sabachthani ! "

Daeth cwmwl dudew dros y lloer,
A phan giliasai, delw oer
Yn unig ydoedd uwch fy mhen,
Delw o'r Crist ynghrog ar bren.
Ond meddai 'nghalon, " Fab y Dyn,
Mwyach ni byddaf fi yn un
O'r rhai a'th hoelia law a throed ;
Maddau im wneuthur hyn erioed.
Maddau, Waredwr Calfari,
I fab y bwthyn fel myfi
Gyfodi'r cledd i ladd ei frawd
Ac yntau'n fab i fwthyn tlawd,
A dwg holl werin byd yn iach
O ddichell gwŷr yr uchel ach.
O ! Fab y Bwthyn, Fab y Saer,
Rho heno glust i'm gweddi daer.

" Rhoddaf yfory f'arfau i lawr.
Dradwy fe'm saethir gyda'r wawr

Ond odid.   Ond er angau loes
Ni'th hoeliaf eto ar y Groes."

. . . .

Ond bore drannoeth yn y glaw
Fe ganai'r utgyrn yn ddi daw :—
" Llythyrau, fechgyn, llawenhewch !
Dewch am y Post o gartref.   Dewch ! "

Un llythyr gefais—oddi wrth 'mam ;
Adwaenwn ei llawysgrif gam.
Yr oedd yn gamach heddiw—Pam ?
Craffwn ar y llythrennau mân ;
Llosgent fy llygaid megis tân.
O Dduw ! (A oedd Duw uwch fy mhen ?)
Baich llythyr 'mam oedd—*Syrthiodd Gwen* !

O'r amlen a grynai yn fy llaw
Disgynnodd tusw grug i'r baw,
Grug gwyn ! fe roes fy nghalon naid,
A sethrais ef dan draed i'r llaid.
A sethrais hefyd gydag ef
Fy holl obeithion am y nef,
A holl freuddwydion bore oes,
A'r weledigaeth wrth y Groes,
A'r addunedau dan y lloer.
Cyn hir fe aeth fy nghalon oer
Yn galed, galed, fel y dur.
Weithian ni theimlwn fawr o'r cur.
A phenderfynais gyda rheg
Anghofio'r wlad a'r oriau teg
A dreuliais yno gyda Gwen
Pan drigem o dan loywach nen.

Chwerwodd fy ysbryd am y cam ;
Nid ysgrifennwn mwy at mam.
A llosgais lun y bwthyn bach
Gan dyngu, " Rwyf yn canu'n iach
Am byth i'r hyn a gerais cŷd.
Hunan sy'n llywodraethu'r byd ;
I hunan y mae pawb yn byw ;
A hunan bellach fydd fy nuw."

Felly pan aethom tua'r ffos
Yn ôl, ymdrechwn ddydd a nos
Am gael dyrchafiad—" Os y pris
Yw lladd yr Ellmyn, gwnaf hwy'n ris

I gyrraedd safle."—Ac yn rhwydd
Am fy nghaledwch cefais swydd.
Trwy fryntni oer, a rheg, a chuwch,
Dringais cyn hir yn uwch ac uwch,
Prif ringyll oeddwn, oer fy nghri,
A'r diawl oedd fy mhrif ringyll i.

Yna o'r diwedd fe ddaeth dydd
Pan dorrodd angor olaf ffydd,
Nes gyrrid fi o flaen y gwynt
Tua Gehenna 'nghynt a chynt.
Breuddwyd gwallgofddyn ydoedd Duw ;
A hap a damwain ydoedd byw.

Felly pan beidiodd twrf y gad
Nid euthum yn fy ôl i'r wlad.
Na ! Hunan oedd fy nuw yn awr !
Wynebais tua Llundain fawr.
Â'r arian gwaed a roes fy ngwlad
Am fy ngwasanaeth prynais drad.
Dywedais, " Mi a heliaf arian
A hunanoldeb imi'n darian.
I'r gŵr a roes ei fryd ar lawnder
Rhwystrau yw cariad a chyfiawnder.
Twt ! Ni ddygymydd tyner galon
Â siop yn Llundain a'i gofalon."

Suddwn yn is ac is o hyd ;
Gwerthais fy enaid am y byd ;
A thrwy chwŷs gwaedlyd llawer gwas
Enillais fodd i brynu plas.
Do ! Mi a gefais wenau ffawd
Trwy ddagrau llawer geneth dlawd
Lafuriai'n flin tra daliai'r cnawd.
O lawer bwth fel bwth fy nhad
Y daethent tua'r Dref a'i brad
Am nad oedd waith na thai nac arian
Lle llifai'r nant rhwng blodau'r marian.
Minnau, at drais yn fwy gogwyddais ;
Ac o dan felltith Duw, mi " lwyddais."

A phan ymrithiai ambell dro
Ddarlun o'r bwthyn bach drwy 'ngho',
Ymdrechwn ddiffodd gwawr y nef
Yn niwloedd oer pleserau'r dref,
A chladdu'r Arglwydd Iesu Grist
O'r golwg dan bechodau trist.
Ond pwy all ddiffodd toriad gwawr
" A chladdu'r Atgyfodiad Mawr " ?

Yn ffôl dywedais : " Nid oes Dduw
I weled sut yr wyf yn byw," . . .

Ond anghofiaswn fod y Nerth
A welodd Moses yn y berth
Yn llosgi eto yn y grug
Heb ddifa'i swyn, heb ddeifio'i sug;
Ac anghofiaswn y gall tân
Ar flaen adenydd angel glân
Ddryllio cadwynau'n chwilfriw mân ;
A bod gan Dduw angylion fyrdd,
O bob rhyw radd, a phob rhyw urdd,
Rhai'n byw o gylch yr Orsedd Fyg,
A rhai tu fewn i flodau'r grug.

Canys wrth groesi *Leicester Square*
Fe dorrodd rhyw oleuni pêr
Ar f'enaid—megis oesau'n ôl
Yn Ffordd Damascus ar Sant Paul.

" Tyrd adref ! " meddai llais o'r grug,
" Tyrd adref at yr hon a'th ddug.
Tyred yn ôl i erwau'r wlad
I dorri cŵys fel cŵys dy dad.
Tyrd eto'n ôl i'r seithfed nen
Lle trigit unwaith gyda Gwen."

" Och ! " meddwn, " nid oes nef i mi
Rhwng bryniau Arfon hebddi hi.
Hi biau'r Wynfa a'i chaniadau,
A chanddi hi mae'r agoriadau.
Ni faddau Duw fy nghamwedd i
Oni faddeuaf iddi hi.
Tydi fu farw dros y byd,
Tosturia wrth ein beiau i gyd ;
Dau enaid ŷm o nef y wlad
A ddrylliwyd ym mheiriannau'r gad ;
A dwg holl werin byd yn iach
O ddichell gwŷr yr uchel ach."

. . . .

Gwen annwyl, tyred dithau'n ôl
I'r lle mae hedd ar fryn a dôl,
Tyrd gyda mi o gartref brad
I'r nefoedd sydd rhwng bryniau'r wlad.
Pechasom ; ond bu breichiau'r Yw
Ar led yn ymbil gyda Duw

Dros ein heneidiau, gwyddfid pêr
Yn arogldarthu dan y sêr,
A'r eos lawer hwyrnos glir
Yn canu offerennau hir,
A'r gwynt yn eiriol yng Nghil Adwy
Ag ocheneidiau anhraethadwy.

O'r gwae, o'r llygredd, ac o'r ffug
Tyred yn ôl i nef y grug !
Cei yno fiwsig ar bob cainc,
Ni chofia'r fronfraith ffosydd Ffrainc.
Cei falm i'th galon gan y gwynt,
Pêr yw'r gweirgloddiau megis cynt.
Cei ddŵr o Ffynnon Felin Bach,
—Y dŵr wna galon drom yn iach.
A chei'r fwyalchen bêr ei chân
I ddiffodd fflamau uffern dân ;
A chei'r ehedydd gyda'r wawr
I'th ddwyn yn iach o'r cystudd mawr ;
A chei yng nghartre'r geifr a'r myllt
Ogoniant Duw mewn rhosyn gwyllt.

Cei wylied yn y gwanwyn mwyn
Y blagur iraidd ar bob llwyn
—Y llwyni a fu'n llwm a marw
Trwy fisoedd oer y gaeaf garw.

Ac felly, O ! f'anwylyd i,
Yr ail flagura d'enaid di ;
Ac i hen fwthyn bach Tŷ Nant
Daw eto fiwsig lleisiau plant.

O tyrd yn ôl, f'anwylyd fach,
I'r heulwen ac i'r awyr iach.
Os deui, Gwen, cawn fynd ein dau
Eto fel cynt drwy'r llwyni cnau.
A thra dyrysa'r gwynt dy wallt
Dringwn yn uwch i Goed yr Allt.
Cawn rodio llwybrau'r Tylwyth Teg
Lle ni ddaw griddfan, rhaib na rheg.
A chei y mefus gwyllt yn fwyd
I roddi lliw ar ruddiau llwyd
Nes dwyn o'r awel ros i'th wedd,
Os doi yn ôl o byrth y bedd. . . .

Yno o sŵn y byd a'i glwy'
Cawn orffwys : ac ni chrwydrwn mwy
Oblegid drws y seithfed nen
Yw drws y bwthyn.   Tyred Gwen !

Y TANNAU COLL

I

Trwy ganol Llundain llif Yr Afon hen
A welodd gymaint o helyntion byd.
Er gweled llawer gwae a llawer gwên,
Yr un yw cân Yr Afon hen o hyd ;
Yr un â phan oedd eryr-faner ddrud
O Rufain yn cyhwfan ar bob tŵr ;
Yr un â phan ddaeth lleng y Norddmyn dros y dŵr.

Trwy ganol Llundain llif hen Dafwys ddu
Yn union fel y gwnaeth am oesoedd maith.
Ac er y chwyldroadau mawr a fu,
Nid oedodd, ni phrysurodd ar ei thaith.
Er newid gwedd y ddinas, newid iaith,
A newid teyrn ar deyrn,—mae'r Afon oer
Yn canu'r un hen gân yng ngolau'r sêr a'r lloer.

Os buost ti ar feinciau'r Cob yn huno
A hwiangerddi'r Afon yn dy glyw,
Os buost ar y bont gerllaw'n dymuno
Am nerth i farw neu am fwyd i fyw,
Os buost ti yn wylo fel Mab Duw
Uwch dinas oer,—odid na wyddost ti
Am ystyr hen y gân a genir gan y lli.

Bûm innau ar y Cob yn gwrando'r Afon
Pan dreiglai cân y blodau gyda'r dŵr,
A chân yr adar gwyllt uwch perthi mafon
Hyd lethrau Cotswold, draw ymhell o stŵr
Y Ddinas Fawr,—a chlywed ger y Tŵr
Holl fiwsig clychau aur Rhydychen bêr
Yn toddi i gân y môr dan heddwch dwfn y sêr.

Ond heno crwydro'r wyf ar hyd ei thorlan
A hiraeth yn fy nghalon am dri thant
A glywais ganddi ar ei ffordd i'r forlan,
Y tannau sydd yn nhelyn aur y sant.
Fel un ag ochain hiraeth ar ei fant
Yn chwilio nodau'r organ fawr yn ffôl
Am gord fu dan ei law flynyddoedd maith yn ôl.

Bûm innau'n gwrando unwaith arni'n canu :
" Ffydd, Gobaith, Cariad," cwafriai ar ei hynt,
Nes daeth ei dyfroedd oerion i'n gwahanu,

148

Myfi a'r eneth wen, liw blodau'r gwynt,
Gan Dduw na chawn ail fyw y dyddiau gynt!
Gwae fi, mi rown yn awr fy mywyd oll
Am glywed eto'r gân, hen gân y tannau coll !

II

Crynai'r ysbyty o'r llofft i'r llawr
Yn sŵn cynddaredd y Rhyfel Mawr.
A chrynai'r Ddinas o ben i ben
Yn sŵn yr angau ddisgynnai o'r nen :
Ergyd, a ffrwydrad, ac ergyd ddofn,
A chri, a chwerthin, a gweddi, ac ofn,
Ac ergyd drachefn, a llwon oer ;
A Llundain fel breuddwyd dan olau'r lloer.

Hedai'r llong awyr ymlaen o hyd.
Beth iddi hi ydoedd ing y byd ?
Beth ydoedd gweddi na llw iddi hi ?
Beth ydoedd arswyd dyn na'i gri ?
A phan fo'r nerfau'n ddrylliedig i gyd,
A dychryn ac angau'n sgytio'r byd,
A dyn dan ei glwyf a'r gwaed yn ei boer,
Mae calon y dewraf yn curo'n oer.

Crïai'r siren yn hir dros y Dref
Fel enaid colledig yn crïo am Nef.
Tywyllwch, a ffrwydrad, ac ergyd ddofn,
A'r ward yn aros y ddyrnod mewn ofn !
Cynhyrfais nes ffrydio'r gwaed yn lli
O'r briw yn fy mynwes.—A gwelais hi
Wrth erchwyn fy ngwely'n rhwymo'r briw
Ac yn atal y ffrydlif—fy ngeneth wiw.

Drwy'r ffenestr agored fe syllem i'r nen
Lle hedai llong awyr y gelyn uwchben,
A golau llachar llusernau di ri
Yn chwilio'r nefoedd amdani hi.
A thorrodd rhyw sibrwd ar fy nghlyw,
A'r eneth yn galw ar enw Duw.

Gwae fi ! fe gladdesid fy ffydd yn Ffrainc
Ac ysu fy nghrefydd, wreiddyn a chainc.

Ac meddwn, " Un fach ! nid dyn ydyw Duw ;
Nid etyb dy weddi. Nis deall. Nis clyw.
Gwêl sut y mae'r Arglwydd yn caru'r byd !
Mae Duw yn fyddar. Mae Duw yn fud.
Mae Duw heb galon. Mae Duw yn ddall.
Ac onidê, y mae'n waeth na'r Fall
Os rhoes y fath ddynion i fyw'n y fath fyd
Ac Yntau'n gweled ein tynged i gyd.

" Mi glywais y clwyfog yn ochain mewn cur,
A bu'r Iesu'n ochain dan hoelion dur.
Ond gwae ! fe welwyd eu llygaid yn cau
Heb Dduw yn cysuro yr un o'r ddau.

" Os ydyw dy Arglwydd ar orsedd y nef
Atalied y Rhyfel.   Gwrandawed dy lef.
O ! er mor resynus a thruan wyf ;
Er ing fy enaid, ac ing fy nghlwyf,
Gwell gennyf heno fod yn ddyn
Nag yn dduw a greodd i'w fympwy ei hun
Holl feibion dynion, a'u rhoddi mewn byd
Tu hwnt i'w allu i'w lywio i gyd.
A brysied y dydd bydd y cread yn sarn,
Cans Dyn fydd y Barnwr, Ddydd y Farn."

Drwy'r ffenestr agored fe syllem i'r nen.
'Roedd sŵn y llong awyr o hyd uwchben ;
A bysedd llachar llusernau di ri
Yn ymbalfalu amdani hi.

Ac meddwn.   " Fy ngeneth, efallai fod Duw
Yn ymbalfalu fel acw ! . . . Na, clyw ! . . .
Yn ymbalfalu am felltith y Fall,
Yn ymbalfalu drwy'r Cread yn ddall :
Anfeidrol Allu tu ôl i'r byd,
A hwnnw'n ddall, yn fyddar, yn fud."

Yng ngolau fflachiadau'r gynnau cras
Gwelais y niwl dros ei llygaid glas,
A chri y siren gerllaw fel cri
O ing a dychryn ei chalon hi.
O Grist, na bai modd tynnu geiriau yn ôl !
Canys had gofidiau yw geiriau ffôl,
Cladd yr amheuon yn ddwfn yn dy fron,
Mae digon o'r rheini drwy'r ddaear gron.

Ac onid oes gennyt sicrwydd, bydd fud,
Am sicrwydd, sicrwydd, y crefa'r byd.
. . . .

Llewyrchai'r haul ar y dyfroedd clir,
Ac Ysbryd y Gwanwyn yn tramwy'r tir.
A theg oedd Yr Afon, a hyfryd ei llais
I un a fu'n nychu â chlwyf dan ei ais.
A mwyn oedd yr awel oer ar y don
I un a fu cŷd heb anadlu hon.
Mwyn gweld y llongau yn llwytho'n " Y Llyn,"
A gwylied y mil gwylanod gwyn,
Ond pennaf hyfrydwch y dydd i mi
Oedd gweled Yr Afon gyda *hi*,
A gwylied yr heulwen ar aur ei gwallt
A lliw ei grudd dan yr awel hallt
—Myfanwy, a fu'n gwella 'nghlwy
Mewn serch ac amynedd fwy na mwy.

Llewyrchai'r haul ar y dyfroedd clir
Ac Ysbryd y Gwanwyn yn tramwy'r tir.
A chlywn Yr Afon yn canu'n serch,
Hen gerddi cariad mab a merch ;
A Gobaith newydd i'r gwael ar ei ffyn
Am nerth ac iechyd i ddilyn hyn.

Syllwn yn llygaid fy nghariad i :
" O gwrando," meddwn, " gân y lli.
Gwêl y dyfroedd fel llif o dân,
A chlyw felysed ydyw'r gân."
Ond O ! 'roedd dagrau yn llygaid fy mun
Pan gymerth fy llaw yn ei llaw ei hun ;
" Och ! " meddai—" er miwsig y dyfroedd oll,
Y mae Tant Ffydd, Tant Ffydd ar goll."

III

" Cariad ! " canai'r Afon writgoch pan oedd Haf yn euro'r byd.
" Cariad a gurai yn fy nghalon tua'r môr wrth lawer rhyd.
Meddai clychau aur Rhydychen ' Os wyt ti'n fy ngharu i,
Y mae rhywun yn Nhre Lundain yn disgwyl, disgwyl wrthyt
ti ! ' "

Dyna'r tant yng nghân Yr Afon a glywyd gan gariadau
erioed.
Dyna'r tant a'n swynodd droeon yn ein cwch dan gangau'r
coed.
" O ! mae'r Afon hen yn deall holl guriadau calon dyn,"
Medd Myfanwy,—" Mae'r curiadau yn ei chalon hi ei hun.

" Yn ei chân mae hedd y bryniau a doethineb maith y sêr ;
Yn ei chân y mae cyfrinach blodau llawer gwinllan bêr ;
Yn ei chân mae cân ehedydd a gollwyd yn y wawrddydd dlos,
Fel y collir y wenynen a draidd i fynwes rudd y rhos.

" Yn ei chân mae cân y bugail a'r chwibanogl a gâr yr ŵyn ;
Yn ei chân y mae'r negesau a sibrydir gan y brwyn ;
Yn ei chân y mae gorfoledd holl raeadrau gwyllt y pant.
Ond i ddau yng ngwynfyd cariad, Cariad yw ei mwynaf tant."

. . . .

O ! mor fwyn oedd gadael berw gwersyll Aldershot i mi,
Ac anghofio 'ngwaith fel swyddog, ac anghofio'r rhyfel gri ;
Ac anghofio gwaedd fy mechgyn efo bidog ar bob dryll
Yn lladd y delwau yn yr heulwen er mwyn lladd dynion yn y
    gwyll.

Nid oedd awel yn y cangau, na symudiad nac ystŵr,
Dim ond cân yr afon risial a sŵn ein rhwyfau ar y dŵr.
Ambell alarch gwyn ger Wargrave yn llonydd fel pe bae mewn
    llun
Yn syllu ar alarch yn y grisial mor llonydd fyth ag ef ei hun.

Hyfryd i Fyfanwy hefyd ydoedd troi o'r ward a'i phoen
Ac o riddfan clwyfedigion.   Gwelwn yn ei phryd yr hoen
A'r llawenydd sydd o'r Afon pan fo'r machlud ar y don,
A holl ofid ein blynyddoedd yn llithro ymaith ar ei bron.

Fflamau machlud ar y dyfroedd, fflamau serch yng nghalon
    dau ;
Cariad dwys ym miwsig Tafwys ;   hedd yr hwyr o'n cylch yn
    cau.
'Roedd fy mron ar fron fy nghariad a'i chusanau ar fy min,
Drachtiwn o ffynhonnau'i henaid fel y drachtiai meddwyn win.

IV

Taniai'r gynnau didosturi ddydd a nos ar ffosydd Ffrainc.
Tanient drwy'r pentrefi candryll, a thrwy'r goedwig foel, ddi
    gainc.
Tanient ar eglwysi'r Ceidwad ac ar heddwch Erwau Duw
Nes bod ffosydd cul y meirw megis ffosydd cul y byw.

Syllwn eilwaith ar fy oriawr,—dwyawr tan y wawrddydd las !
Awr cyn cychwyn gyda 'nghwmni i ddistewi'r gynnau cras.
Awr nes dringo gyda 'mechgyn yn y gwyll dros fin y ffos
I wynebu Tragwyddoldeb rhwng y gwifrau yn y nos.

Tynnais eilwaith hwy o'm mynwes,—sypyn o'i llythyrau hi,
A'u hail ddarllen wrth wan olau'r marwor lle'r ymdwymwn i.
A mi'n darllen, uwch pob ergyd a chwibanai ar ei hynt
Braidd na chlywwn swn wylofain, swn wylofain ar y gwynt.

Ond fe ddaeth ergydion amlach, a tharanai'r gynnau'n uwch
Nes bod darn o'r ffos yn deilchion. A dywedais i â chuwch :
" Beth sy a wnelwyf i â chariad a meddyliau calon merch ?
Ofer cofio'r llygaid addfwyn yma ar drothwy uffern erch.

" Beth yw ing cariadon heno pan yw'r byd i gyd ar dân ?
Wrth arteithiau'r blin genhedloedd beth yw'n holl helyntion
        mân ?
Pwy a ŵyr na chaf i heno'r bwled sydd yn dwyn fy rhif ?
Byr fydd f'enw ar draethell amser.   Môr o ango drosto a lif.

" Nid oes serch, nac edifeirwch, nac atgofion yn y bedd ;
Dim ond angof yn dragywydd, dim ond huno hir mewn hedd."
Cydiais yn fy nryll yn dynnach tra chwibanai'r bib " Yn
        awr " !
Ac o'r ffos trwy'r gwyll mi ruthrais rhagof i'r Gehenna fawr.

V

Taranai'r gynnau poeth yn Ffrainc o hyd,
A cherddai gwewyr rhyfel drwy'r holl fyd.
'Roedd ambell daeog yn ei newydd nyth
Yn lled ddymuno i'r Rhyfel ddal am byth ;
A ninnau'n Ffrainc, rhwng bonau llwm y coed,
Yn credu bron mai hyn a fu erioed ;
Mai hyn a fu erioed,—y gwaed, a'r lladd,
A'r glaw a'r llaid, a'r difa, heb fod radd
Yn nês i ben y siwrnai.   Nos ar nos,
A dydd ar ddydd, y pydrem yn y ffos
Heb weld y terfyn ; ac anobaith trwm
Yn llethu ein calonnau megis plwm.

Pan gofiwn weithiau am y dyddiau gwell,
Yr oedd y rheini fel y palmwydd pell,
A'r dyfroedd bywiol, a'r oasis glas
A wêl yr Arab dros y tywod cras.
Fe'u gwêl, ond heb i'w galon guro 'nghynt ;
Fe'u gwêl heb droi ei gamel draw o'i hynt ;
Fe'u gwêl, heb obaith yn ei ysbryd blin
Am glywed oerni'r dyfroedd ar ei fin ;
Oblegid gŵyr mai'i ludded ef a'r gwres
Sy'n dod â'r pell anhygyrch ato'n nês.

A chuddia'i wyneb yn ei fantell fraith
Rhag mynd yn wallgof mewn anobaith maith.
Felly pan gofiwn innau'r amser gwell,
Ni syllwn arno,—Yr Anhygyrch Pell—
Rhag mynd yn wallgof mewn anobaith mud,
A thaniai'r gynnau poeth yn Ffrainc o hyd.

. . . .

O'r diwedd cefais fynd o faes y gwaed
Am seibiant byr :
                    " O'r diwedd caf fy nhraed
Ar ddaear Prydain.   A chaf grwydro'r Dref
Fel un yn tramwy hyd heolydd Nef."

. . . .

Dylifai'r glaw digalon dros y byd
A minnau'n cyfrif y munudau drud
Nes cyrraedd Llundain ; a thrwy wyll y nos
Fy nhrên fel fflam o dân o allt i ros,
O ros i allt, yn rhuthro ar ei hynt,
A chwerthin llu'r cythreuliaid yn y gwynt.

Cyrraedd y ddinas,—ac yr oedd hi'n nos,
Heb lewych seren fach na lleuad dlos
I dorri ar ei chaddug.   A di daw
Oedd chwerthin oer y gwynt a chrïo'r glaw.

Cyrchais ei stafell hi.   A'r nef a ŵyr
Fy mhryder drosti'n awr.   Ond och ! Rhy hwyr !

Chwiliais drwy'r nos neuaddau'r ddawns a'r gwin,
A chwilio'n ofer.
                    Gyda'r dydd yn flin
Fy nghael fy hun yn crwydro'r Cob ar lan
Yr Afon ; ac eisteddais ger y fan
Lle dysgodd fy anwylyd unwaith fi
I wrando'r gân a genir gan ei lli.

Ond heddiw llifai Tafwys heibio'n fud,
A chwarddai gwynt gwatwarus dros y byd.

Cyfodai'r haul gan hollti'r niwl fel swch.
Ac yn ddisymwth ar y dwfr 'roedd cwch,
A phlismyn ar ei fwrdd.

Duw ! aeth Dy gledd
I'm bron, ac yma'r erys hyd fy medd !
Oblegid fflachiai'r haul ar euraid wallt
Ar fwrdd y cwch.   Dylifai'r dyfroedd hallt
Oddi wrtho ac o wisgoedd gwlybion merch.

Fflachiai yr heulwen ar y pictiwr erch,
Ac ar wynepryd llwyd,—a welswn i
Unwaith yn fflach y gynnau, pan oedd cri
Y siren drist yn dychryn yr holl Dref
A bysedd y llusernau'n chwilio'r nef.

O ! f'annwyl, er fy edifeirwch oll,
Fe rifwyd Gobaith gyda'r tannau coll.

VI

Trwy ganol Llundain llif hen Dafwys ddu
Yn union fel y gwnaeth am oesoedd maith.
Ac er y chwyldroadau mawr a fu,
Nid oedodd, ni phrysurodd ar ei thaith.
Er newid gwedd y ddinas, newid iaith,
A newid teyrn ar deyrn,—mae'r Afon oer
Yn canu'r un hen gân yng ngolau'r sêr a'r lloer.

Ond heno crwydro'r wyf ar hyd ei thorlan
A hiraeth yn fy nghalon am dri thant
A glywais ganddi ar ei ffordd i'r forlan,
Y tannau sydd yn nhelyn aur y sant.
Fel un ag ochain hiraeth ar ei fant,
Yn chwilio nodau'r organ fawr yn ffôl
Am gord fu dan ei law flynyddoedd maith yn ôl.

Bûm innau'n gwrando unwaith arni'n canu
" Ffydd, Gobaith, Cariad," cwafriai ar ei hynt,
Nes daeth ei dyfroedd oerion i'n gwahanu,
Myfi a'r eneth wen, liw blodau'r gwynt.
Gan Dduw na chawn ail fyw y dyddiau gynt !
Gwae fi, mi rown yn awr fy mywyd oll
Am glywed eto'r gân, hen gân y tannau coll !

YR YNYS UNIG

Ym more pellennig yr oesau
　　Dyrchafodd ei phen uwch y don,
A'i Chrëwr a ŵyr am y loesau
　　A'r gwewyr a rwygai ei bron.
Maluriai'r ddaeargryn ei chreigiau
　　I'w hyrddio i entrych y nen ;
Ymladdai y mellt megis dreigiau
　　Cynddeiriog o gwmpas ei phen.
Ei hesgyrn gan ddychryn a doddai,
　　A llifai'i meteloedd yn dân ;
A berw y môr ni ddiffoddai
　　Gawodydd yr ufel yn lân.
" Paham," meddai, " Arglwydd, y'm codwyd
　　O ddyfnder digynnwrf y môr ?"
Ond galwad erioed nas gwrthodwyd
　　Yw galwad yr Iôr.

Bu'n llosgi am hir genedlaethau.
　　Goleuai y nos fel y dydd,
A'r ewyn fel gwaed ar ei thraethau,
　　A'r lludw yn llwyd ar ei grudd.
Fel gwisgoedd pruddglwyfus sachliain
　　Amdani'r ymdorchai y tarth ;
A hithau yn griddfan fel rhiain,
　　Fel rhiain ym mhenyd am warth.
Fe rwygwyd ei bronnydd llosgadwy
　　Pan ferwai'r elfennau yn groch ;
A'r lafa, trwy adwy ar adwy
　　A ruthrai yn ddinistr coch,
Gan lamu o ddibin i ddibin
　　Nes ffrwydro yn nyfroedd y bau
'Rol sgubo pob peth megis cribin
　　Y diawl tua gwae.

Fe wawriodd boreddydd na phoerai
　　Y mynydd ei wenwyn a'i fflam.
A hithau yn araf a oerai,
　　Ond ni welir neb yn rhoi llam
O'i gwch ar draethellau yr ynys
　　I'w gwneuthur i'w deulu yn dre.
Fe orwedd yn noeth a gresynus
　　Ac unig ym Moroedd y De.
Y morfil a'r gwrdd lefiathan
　　Ymladdant o gwmpas ei thraed ;
A dyfroedd y feiston lle brathan'
　　Ei gilydd yn goch gan eu gwaed.

Cwynfannai yn nhrwst eu hymladdau
  Nes torri un nos ar ei chlyw
Hen anthem y sêr yn eu graddau :
  " Gobeithia yn Nuw."

A Duw a ddywedodd " Cyfod "
  Wrth ffynnon yng nghesail y bryn.
Ac wele ei dyfroedd yn dyfod
  Dan ganu nes cronni yn llyn ;
A llifo i lawr dros y marian
  Yn nentydd trwy wely'r hen dân :
A swyn eu llinynnau arian
  Yn troi Bro Marwolaeth yn gân.
A Duw a ddywedodd, " Deuwch
  Bob awel esmwyth a chwardd,
Trwy belydr blodau goleuwch
  Yr ynys a throwch hi yn ardd."
Ac ar yr awelon fe hudwyd
  O hadau y blodau a'r gwellt ;
A ffrwyth ar y tonnau a gludwyd
  I ynys y mellt.

A Duw a ddywedodd, " Ehedwch
  Chwi'r adar, i ynys y tân
Ym mhell dros y môr, ac arbedwch
  Hyd hynny eich lliwiau a'ch cân."
A'r adar a groesodd yr eigion
  I'r fan, a dyrchafu eu llais
Nes llenwi dyffrynnoedd fu weigion
  Â gobaith anniffodd eu hais.
O ddyffryn i ddyffryn ehedant
  Gan wau wrth batrymau y Nen ;
A mellt aml-liwiog a redant
  I'w canlyn o dwmpath i bren,
Lle unwaith bu'r gwreichion.   Ac yno
  Yr awel bersawrus a chwŷth,
Mor esmwyth dros flodau y tyno
  Â'r durtur ar nyth.

A thirion a mwyn, fel yr awel
  A chwythai rhwng cangau ei choed,
Oedd glesni melfedaidd Môr Tawel
  Yn gorwedd yng nghwsg wrth ei throed.
Pan fflachiai y glesni di donnau
  Dan heulwen prynhawnddydd di stŵr,
Ni wyddit ai cwrel ai bronnau
  Morforwyn a welit trwy'r dŵr.

Wrth wylied y pysgod yn heigiau
  Ysgarlad, ac oraens a glas,
Fe dybit fynd enfys ar greigiau
  Trwy nofio mewn dyfroedd rhy fas.
Neu tybit mai hud aeth â'r blodau
  Amryliw, a'r adar di ri
I fforest heb sawyr na nodau
  Ar waelod y lli.

Ond er bod yr ynys cyn laned
  Ei dyfroedd, a'i blodau mor bêr,
Ni wyddai hi ddim pam y'i ganed
  O'r dyfnder ar alwad ei Nêr.
Os melyn a phêr oedd ei ffrwythau
  Fe'u dryllid gan Dymor y Glaw.
Os coch oedd ei haeron, aent hwythau
  Yn ofer i'r nentydd islaw.
Pan godai y lleuad yn gannaid
  O donnau ffosfforig y lli,
Âi'r ynys yn ynys ariannaid.
  Pan godai yr haul arni hi,
'Roedd gemau y wawr ar y drysni
  A'r ynys gan fanwlith yn wleb.
Ond och am fod cymaint o dlysni
  Nas gwelid gan neb !

I'w glennydd fe grwydrai awelon
  O lawer rhagynys a ffin,—
Awelon yr oraens a'r melon,
  Awelon afalau y pîn.
A hithau a ddysgodd am linach
  Ei chwiorydd, ynysoedd oedd fwy ;
Cans dygai pob chwa ryw gyfrinach
  O'u hanes a'u hurddas hwynt-hwy :—
" Yr Arglwydd a'n gwnaeth a'n coronodd ;
  Ac wele ni'n gartref i ddyn.
I'n llwyni a'n bryniau danfonodd
  Breswylwyr o'i feibion ei hun."
A hithau yn hir fu'n ymholi
  Pa bryd oedd i feibion Yr Iôr,
A pham y mynasai ddidoli
  Ynysoedd y môr.

Rhyw ddydd, pan oedd corwynt yn udo
  Fel utgorn di hedd oddi draw,
A gwyntoedd anniddig yn cludo
  O'r Dwyrain gymylau y glaw,

A'r ddrycin am dro'n ymdawelu,
   A'r haul yn ei ddangos ei hun
I gwmwl y mellt gael anelu
   Ei saethau yn sicrach bob un ;
Ymsaethai canŵ dros y tonnau,
   Ymsaethai fel gwylan ar ffo
I gilfach yr ynys ; a bronnau
   Ei rwyfwyr dan baent ; ac efô
Eu pennaeth yn llywio, nes clirio
   Y gwenyg a gorddai fel llaeth
Ar greigiau y cwrel, a thirio
   Ar raean y traeth.

Ar ysgwydd y rhwyfwyr fe ddygwyd
   Y bad tua chysgod y llwyn,
A changau y prennau a blygwyd
   Yn do uwch eu gwely o frwyn.
Dau dân rhag y Fall a gynheuwyd.
   Disgynnodd y nos ar un llam.
Wynebau y gwŷr a oleuwyd
   Yn llewych anwadal y fflam.
Fe chwarddent am ben y taranau
   A roliai yn nês ac yn nês,
A'r tonnau ysgytiai y glannau.
   Toc taflai y fflamau eu gwres
Yn fwyn ar wynebau y dengwr
   Yng nghwsg o dan gysgod y berth,
Pob wyneb yn wyneb ieuengwr
   Yn anterth ei nerth.

A hithau yr ynys, deallai
   Mai meibion Yr Iôr oedd y rhain.
Pa beth ond Yr Ysbryd a allai
   Oleuo wynebau mor gain ?
'Roedd iechyd y maes dan eu bronnau,
   Ac iechyd yr haul ar eu gwedd,
Ac iechyd yr awel a'r tonnau
   Yn lliwio'u hwynebau â hedd.
Gosgeiddig eu breichiau fel cangau,
   Gosgeiddig eu cyrff fel y palm
O hir ymgodymu ag Angau ;
   A hyfryd eu lleisiau fel salm
Concwerwr. O ! ddyddiau bendigaid,
   Pan oedd y brodorion yn bur,
Cyn dwyn o'r masnachwyr melltigaid
   Y poethlyn a'i gur.

Pan dorrodd y storm ar y glannau,
  Er blino o'r rhwyfwyr yn lân
Diflannodd pob cwsg o'u hamrannau
  Wrth weld y folcano ar dân.
Yr ynys yn ddwys ocheneidiodd
  " Ai dyma'r preswylwyr i mi " ?
Cynddaredd y ddrycin a beidiodd
  A chododd yr haul dros y lli.
Ond wele mae'r dengwr yn trefnu
  Eu taclau tu fewn i'r canŵ,
Mewn dychryn, ac yna yn cefnu
  Gan lefain, " Och, ynys dabŵ !
Cwyd Ysbryd y Tân i'n melltigo
  Os tariwn awr arall yn hon ;
A chyrchu ein tylwyth i drigo
  Mor bell dros y don."

Am ganrif ar ganrif fe wylai
  A'i dagrau'n hiraethus a ffrom ;
Y sêr yn eu graddau anwylai
  Ei phen, i'w chysuro o'i siom.
A chanent i gyd o'u troadau :
  " Ynysoedd Yr Iôr ydym ni,
Ynysoedd a glywodd alwadau
  Creawdwr y byd, fel tydi.
Chwaer fach, ni a welsom flynyddoedd
  Aneiri cyn llunio dy grud ;
Cyn gwneuthur y môr na'r mynyddoedd,
  Cyn gosod tulathau y byd.
A gwelsom y planiau'n aeddfedu,
  Pob plan yn ei amser ei hun.
Er iddynt dros oesoedd ymledu,
  Ni fethodd yr un.

" Fe welsom deyrnasoedd aneiri,
  Y naill yn goresgyn y llall.
Fe glywsom forthwylion y seiri
  Yn llunio'r sylfeini'n ddi ball.
Ac wedyn fe welsom y fflamau
  Yn ysu'r sylfeini yn lân ;
A chlywsom riddfannau y mamau
  Ar ffo rhag cynddaredd y tân.
Fe welsom yr Aifft ac Asyria
  Yn machlud rhag Athen a'i gwreng.
A chlywsom fynyddoedd Ilyria
  Yn crynu dan ymdaith y Lleng ;

A gwelsom yn Rhufain ôl sandal
Athronwyr hyd fanwlith y gwellt,
Nes dyfod byddinoedd y Fandal
I'w hysu â'u mellt.

" Gwyliasom Y Dwyfol Grochenydd
A'i Olwyn gan ddagrau yn llaith.
Mae'r seraffim llosg â'u hadenydd
Yn cuddio patrymau ei waith.
Ond weithiau daw swp o friallu
O'r Olwyn, ac weithiau daw byd,
Ac weithiau daw teyrnas i'w gallu,
Ac weithiau daw baban i'w grud;
Ac weithiau daw ynys neu blaned,
Ac weithiau forgrugyn bach, gwan.
Ond nid oes greadur a aned
Na threfnwyd ei le ar y Plan.
Ac un ydyw Plan y Crochenydd
Tu hwnt i'r seraffiaid sy'n byw.
Nid ofer y'th wnaeth y Dihenydd.
Gobeithia yn Nuw."

Aeth heibio lawer blwyddyn faith ;
Distawai'r ynys.   Ond ei chraith
A losgai'n fynych ar ei bron,
A'r sêr yn tywallt balm ar hon.
Cwynfanai hithau wrthi ei hun
" Pa bryd y'm gwneir yn gartref dyn ? "

Wele o'r diwedd dros y lli
Gwch eto'n cyrchu ati hi,
Cwch mawr a degau ar ei fwrdd.
Dyheai'r ynys am eu cwrdd,
Cans gwyddai wrth eu sibrwd hwy
Mai dyma ei phreswylwyr mwy.
Ac ar ei thraeth ymchwyddai'r don
Wrth deimlo ymchwydd mawr ei bron
Yn ei gorfoledd.   Cerddai'r cwch
Ymlaen gan hollti'r don fel swch.
Daeth sibrwd trist o ing y dynion :—
" Molokai."—Tros y gwenyg gwynion
Ymlithrai'r cwch i ddwfr y bae ;
A'r ynys fach yn llawenhau
Wrth glywed enw arni'n awr,
—Molokai, ynys wen y wawr.

Ond O ! pan ddaeth y cwch i'r lan,
'Roedd sawyr angau dros bob man,
Sawyr marwolaeth i farwolaeth.
Oddi ar y bwrdd fel rhyw ddrychiolaeth
Ymlusgai un a darn o'i rudd
Yn disgyn dros ei ên yn rhydd ;
Ac un heb nemor glust na thrwyn ;
A mam mewn ymdrech dost yn dwyn
Ei baban yn ei glwy ymrwyfus
Ar fron gystuddiol.

           Gwahanglwyfus
Oedd hi ac yntau. Gwahanglwyfus
Oedd un ac oll,—o'r bechgyn nwyfus
A redai ar y tywod cras
I'r neiniau a'u gwefusau glas.
Aflaned oeddynt oll nes aeth
Sawyr marwolaeth dros y traeth ;
Sawyr gwelïau brwnt di gêl
Lle gynt bu sawyr blodau'r mêl.

Mor hawddgar oedd y rhwyfwyr gynt
Yn eu canŵ ar frysiog hynt
I'r ynys deg. Ond am y rhain—
Blotiau o inc ar bictiwr cain !

. . . .

Torasai'r gwahanglwyfus bla
Trwy holl ynysoedd Gwlad yr Ha,
Gan fwyta'i ffordd o gnawd i gnawd
Trwy dŷ'r goludog fel tŷ'r tlawd.
Un chwerw gri o fryn i bant,
—Rahel yn wylo am ei phlant
Heb fynnu ei chysuro mwy.
—Onid y fall a'u cipiodd hwy ?
Ac o'r bythynnod hyd y llysoedd
Cerddodd y tân drwy'r holl ynysoedd.

Ac er mwyn atal rhawd y tân
A chadw'r cleifion ar wahân,
Alltudiwyd pawb, a gawsai'r hadau,
I'r ynys unig o fro'u tadau.
Dygwyd hwy'n heidiau i Folokai,
O'r adyn tlawd i'r ardderchoca'i
Ystâd a'i swydd yn ddi wahân.
Felly'r ataliwyd grym y tân.

Ond O ! mor drist oedd min y don
Ar ddechrau'r fordaith ryfedd hon.
Fe lithrai'r cwch i lawr i'r dŵr
Gan ysgar gwraig oddi wrth ei gŵr,
Ac ysgar mam oddi wrth ei phlant.
Un chwerw gri oedd ar bob mant :
" Ffarwel am byth, f'anwylyd i.
Och ynys unig dros y lli !
Ffarwel bob gobaith am fyw'n iach.
Ffarwel am byth, fy nheulu bach."

A'r gwynt o'r lan yr ateb chwŷth,
" Ffarwel am byth ! Ffarwel am byth ! "

Glanio yn ynys wen y wawr.
Ond ar ôl rhoddi troed i lawr
Ar ro y draethell, gwelent oll
Y gair a wêl eneidiau coll
Uwch dorau uffern :
                    " Iddynt hwy
Ddaw yma, nid oes obaith mwy."

Do, fe'u carcharwyd am eu hoes
Heb neb i leddfu ar eu loes ;
Heb neb i drin y briwiau erch
A rwymid ddoe gan ddwylo serch.
Un drws dihangfa'n unig a fedd
Ynys Molokai, Drws y Bedd.

A chan fod gobaith wedi marw
Fe ruai holl dymhestloedd garw
Nwydau y bwystfil dan bob bron :
" Mor bell yw'n cartref dros y don
Mor agos angau.   Yn ein pla
A'n dolur maith un peth sydd dda :—
Yfed o wirod gwraidd y *ki*
Nes llifo'n dân trwy'n nwydau ni,
—Yn fflamau gwallgof trwy ein gwaed ;
Mathrwn yr enaid dan ein traed.
Daw angof o bleserau poeth
Y ddawns anniwair, hanner noeth.
Daw angof am ein malltod du
Trwy brofi o bob pechod sy.
Ni fedd un gyfraith yma hawl ;
Profwn bechodau dyn a diawl,
Mall ydyw'r byd, ac oer yw'r bedd.

Drachtiwn yn ddwfn o'r cwpan medd."
Fel hyn trwy'u llygredd hwy fe aeth
Molokai'n warth o draeth i draeth.
Ac Uffern y Tawelfor oedd.

Esgynnodd fry ei chwerw floedd :
" Creulon O Dduw, Dy gellwair Di !
Paham erioed y'm gelwaist i
O ddyfnder di ofidiau'r lli ?
Paham y'm gwnaethost i yn deg
Â blodau mwyth a ffrwythau chweg
I fwrw arnaf bob budreddi ?
O Eigion Glas, paham na'm cleddi
O'r golwg eilwaith dan y môr ?
Melltigaid byth a fyddo'r Iôr
A'm cododd gynt ar fympwy awr
O ddyfnder distaw'r cefnfor mawr
I'm gwawdio mwy â gwarth ar warth.

" Try'r Olwyn Oesol trwy bob parth.
Trwy hon fe'i difyrra Duw ei hun ;
Gwna yma ynys, acw ddyn.
'R ôl blino ar Ei chware ffôl,
Fe deifl y ddau i'r clai yn ôl.
Melltigaid fyth fo Teyrn y Nef,
Cans chwerw yw Ei chware Ef."

O'i hangerdd llosg ail ferwai'r llyn
O dân a hunai 'mron y bryn.

Y sêr atebodd : " Ust, ein chwaer !
Onid tydi fu'n crefu'n daer
' O Arglwydd, gwna fi'n gartref dyn ' ?
Gwybydd mai 'i feibion Ef ei hun
Yw'r holl drueiniaid hyn.   A byw
Fydd gobaith byth am feibion Duw
Tra byddo Un a'u caro hwy.
Ac am dy warthrudd di a'th glwy,
Un diwrnod ydyw mil a mwy
O oesoedd maith i'w olwg Ef ;
Ni frysia Olwyn Fawr y Nef,
Ni wna â'i chreaduriaid gam.

" Gofynni heddiw'n flin paham
Na roed i tithau'r hyfryd fraint
A roed i eraill,—yn lle haint,
Preswylwyr fel y rhwyfwyr gynt
Llawn iechyd glân y môr a'r gwynt.
Ac yn dy siom fe wyli'n syn.

Aros !
    Cei weled ar ôl hyn
Na ddigwydd dim heb air Ein Nêr.
Rhaid oedd wrth wewyr myrdd o sêr
Cyn geni un friallen bêr.
Yn amser Duw fe ddaw dy ddydd,
Am hynny bydded gennyt ffydd.''

Molokai'n ddagrau dwys ymdoddai.
A'r chwerw dân o'i bron ddiffoddai.

A rhyw ben bore fe ddaeth cwch
Eto o'r niwl a dorchai'n drwch
O gylch yr ynys.   Yn ei flaen
Safai gŵr ifanc heb ystaen
Gwahanglwyf ar ei wyneb glân.
O'i lygaid fflachiai rhyfedd dân.
Ei wisg oedd wisg offeiriad nef.
Ac meddai'n llawen iawn ei lef :

'' Heddiw i minnau'r fraint a roed,
Yn dair-ar-ddeg-ar-hugain oed,
O roddi f'einioes innau i lawr
Dros eraill fel fy Ngheidwad Mawr.
Iesu, fy Mhrynwr, dal Dy Groes
O flaen fy llygaid ym mhob loes.
O Fair Fendigaid, dyro i mi
Heddwch dy galon sanctaidd di ;
Gweddïa dros fy enaid gwan.''

Pan gyrhaeddasai'r cwch y lan
O ! 'r dolur llygad ar y traeth !
Yr oedd y gwahangleifion caeth
Fel cyrff a ddaeth yn fyw o'r bedd
Ar hanner pydru.   Ar bob gwedd
Gwelai'r offeiriad roddi nôd
Y Bwystfil, megis llaid ar ôd.

Ond cofiodd am dosturi'r Crist
Gyffyrddai'r gwahangleifion trist
Yng Ngalilea i'w glanhau.
Meddai, a'i lygaid llosg ynghau,
A'i ruddiau gan dosturi'n llaith,
'' Bellach, fy enaid, dyma 'ngwaith.''

165

Llamodd i'r lan o fwrdd y bad
Er gwybod na chai ganiatâd
I adael traeth Molokai mwy,
Rhag ofn lledaenu hadau'r clwy ;
A cherddodd rhagddo gyda'r eli
A'r cyffur a ddug dros yr heli.

Yn araf iawn dychwelai'r bad
A'i adael ef ymhell o'i wlad
Heb gymorth undyn dan y ne
Yn Ynys Unig Môr y De ;
—Yr Uffern-Ynys, a fu cyd
Heb Dduw na gobaith yn y byd.

Ni fynnai'r gwahangleifion ef :—
" Ho, beilat llwyd o Borth y Nef,
Yn ofer atom y bu'r daith
Ni chaiff offeiriad yma waith."

Am amser trigai wrtho'i hun
Dan gysgod pren.   Ond un ac un
Dôi'r cleifion am ei feddyginiaeth.
Ac un ac un o dan y driniaeth
Esmwythid eu doluriau erch.
Ac un ac un deffrowyd serch
Yn eu calonnau at y gŵr
A ddaethai atynt dros y dŵr
I'w cynorthwyo yn eu gwendid,
Heb ofn halogrwydd eu haflendid.
Dysgasant garu ei enw mad
A'i alw'n Damien.   Ond " Ein Tad "
Y'i galwent ef ag acen serch
Wrth iddo drin eu clwyfau erch.

Ond gwelodd Damien rhwng y dellt
Eu llygredd yn y cytiau gwellt
Lle'r ymdrabaeddent yn eu diod:
Plant, a hynafgwyr, a gwŷr priod,
A gwragedd yno gyda'i gilydd
Oll yn rhy feddw i gywilydd ;
Oll yn rhoi rhaff i'w hisaf reddfau
Gan nad oedd ym Molokai ddeddfau.
Ond gwelai Damien ddelw Duw
Ar rai a drigai ym meddau'r byw.
Gwelai yr angel yn y clai.
Fe'u dysgodd hwy i godi tai
A byw'n deuluoedd ar wahân,
A chadw'r tai yn bur a glân.

Pan fyddai rhywun farw gynt,
Bwrid ei gorff i'r haul a'r gwynt
A'r glaw, ar domen dros y cyrrau,
Lle pydrai meirwon yn bentyrrau.
Ond torrodd Damien iddynt fedd
A rhoes bob corff i'r pridd a'i hedd.
Â'i ddwylo'i hun gwnaeth arch ar arch.

Cyn hir enynnodd hunan-barch
Ym mron y cleifion. Yn y man
Codwyd ysbyty bach a llan ;
A gwneud Molokai'n llawn o erddi
Lle canai'r adar gwyllt eu cerddi.
A phrofodd llawer un dan graith
Yr iechydwriaeth sydd mewn gwaith.
Yn araf fe ddaeth delw Duw
'N amlycach ar wynebau gwyw.
A threiddiodd cysur geiriau Crist
I waelod llawer calon drist.
A chodai ton ar don o fawl
O'r fan lle bu pechodau'r diawl.
A'r fan ffieiddiaf dan y ne
A ddaeth yn Goron Môr y De.

Ond erbyn hynny, wele'r dyn
A'u carodd, dan yr haint ei hun.
Er cyd yr osgôdd y greulon ffawd
Bwytâi'r gwahanglwyf trwy ei gnawd
Gan newid gwedd ei wyneb glân.
Er hynny, dyna oedd ei gân :
" O'r holl genhadon dros y lli
'Does neb mor hapus â myfi."

Ni pheidiodd â gweithio a phregethu
Nes dyfod diwrnod iddo fethu
Cyfodi mwyach at ei waith.

Gwyddai yn awr fod pen y daith
Yn ymyl, canys teimlai bangau
Y gwahanglwyfus pan fo Angau
Yn sefyll wrth y drws gerllaw.
Eto nid ofnai Frenin Braw.

Dywedai er holl ing ei glwyf :
" Fy mrodyr, O mor ddedwydd wyf !
Cyn i mi weled pen fy nhaith
Mi welais ddiogelu 'ngwaith
Yn nwylo eraill o'r un fryd.

Mae'r gwaith yn sicir. Gwyn fy myd
Beth waeth os yw fy nghnawd yn wyw,
Os daeth Molokai'n ôl at Dduw?
Bellach gorffennais innau 'nhasg
Caf gyda'm Ceidwad gadw'r Pasg.''

Distewi a wnaeth ei egwan lais,
A mwy llafurus aeth ei ais
Wrth dynnu ffun—Tawelwch hir.

Canai'r ddyhuddgloch drist yn glir
O dŵr yr eglwys yn resynus.
O enau cleifion yr holl ynys
Esgynnodd un wylofus nâd:
" Damien ein Tad ! Damien ein Tad ! ''

Ond dringo'r oedd ei enaid ef
Fel yr uchedydd tua'r nef.

Y noson honno pan oedd sêr
Yn twnnu i lawr ar erddi pêr
Ynys Molokai, nes bod sawyr
Y blodau'n hyfryd ar yr awyr ;
Dyrchafai llef yr ynys dlos
Mewn cytgord â holl sêr y nos :

" Diolch i'r Iôr a'm cododd i
O waelod di ofidiau'r lli
Trwy air ei Ysbryd Ef Ei Hun
I weld gogoniant aberth dyn.

" Diolch i'r Iôr a roes imi'r fraint
O weled cariad un o'i saint.
Diolch i Bensaer Mawr y Nef
A'm gwnaeth yn faes ei lafur ef.

" Mor ffôl yr oeddwn innau gynt
Yn hau melltithion ar bob gwynt,
O ! sêr y nefoedd, yn eich clyw.
Ond gwelaf heddiw Gynllun Duw.

" Gwelaf fod i bob pang ei ran
A'i le ei hunan ar y Plan;
Fod rhaid wrth wewyr myrdd o sêr
Cyn geni un friallen bêr.

" Diolch i Dduw a'm paratôdd
 Trwy lawer oes mewn llawer modd
 Yn faes i'w Ysbryd Ef Ei Hun
 Weithio er iachawdwriaeth dyn.

" O sêr y bore, dysgwch fi ;
 Ac unaf yn eich cytgan chwi
 I ganu mewn soniarus gân
 Am ryfedd waith Yr Ysbryd Glân."

Y DYRFA

A dyma fi dan Groes y De,
   A'm llong yn llithro 'mlaen
Trwy lyfnaf fôr am Singapore,
   A'r dŵr yn ffosffor staen.
Fermiliwn, fioled, saffrwm, gwyrdd,
   Yn gwau o fflam i fflam :—
Fel tân yr opal pan fai'r lamp
   Yn twnnu ar fynwes 'mam ;
Neu fel petalau melyn a choch
   Yn nofio i lawr y lli,
Lle llithrai Dwyfach trwy'r Ddôl **Aur,**
   Pan syrthiai'r gwair yn si
Pladur ddi dostur ; neu fel troell
   Y *scrum* symudliw'n troi,
A gorffwyll sêl am sodli'r bêl
   Yn gwasgar ac ail grynhoi.
I mi ni bydd na sodli'r bêl
   Na'i chipio ymaith mwy,
Na'r ras ardderchog am y lein
   A'r fron ar hollti'n ddwy.
Nid eiddof i a fydd y rhawg
   Eistedd yng nghysgod rhos
Y lamp, yn nhangnef tŷ fy mam
   I ddarllen wedi nos.
Crwydro ni chaf am lawer haf
   Hyd lannau Dwyfach lon,
Pan gyfyd llawer brithyll braf
   At y petal ar y don.
Ond llafur blin dan farwol hin
   Yn heintiau'r Dwyrain cras
Mewn rhyw ysbyty bach di nôd,
   I geisio dangos gras
Gwaredwr f'enaid i rai sydd
   Yn gaeth gan ofnau trist.
Aeth asgell dde y Tîm Cymreig
   Yn gennad Iesu Grist.

" Ffŵl ! " meddai Idwal wrthyf, " Ffŵl,
   I gefnu ar y byd,
Pan ydyw Bywyd llawn o'th flaen
   A'i holl wybrwyon drud !
Ffŵl, ffŵl i'th gladdu di dy hun
   Yn China ddyddiau d'oes,
A thaflu gyrfa aur i ffwrdd
   I sôn am ' Waed y Groes ' ! "

A dyma fi ar fwrdd y llong
A'i sgriw yn corddi'r lli ;
A phwy a ŵyr, dan hedd yr hwyr,
Ai fo sy'n iawn ai 'fi ?

O Fywyd, pa lawenydd mwy
Sydd gennyt yn ystôr
Na phan ddaw awr yr Antur Fawr
I'n galw dros y môr.
Pa bryd y bu fy ffïol gynt
Lawnaf o'th gadarn win ?
Pa foment lachar pan aeth clai
Am unwaith dros y ffin
O Angau i Fywyd, nes bod clai'n
Anfarwol megis Duw ?
Pa ddydd pan fedrwn seinio'r her,
" Heddiw bûm innau byw ! "
Pa ddydd pan deimlwn guriad gwaed
Y cread ynof i
A holl orfoledd maith y sêr
Mewn fflach o ecstasi ?

Y dydd pan grynai egni balch
Trwy holl ewynnau gŵr ;
Megis y cryn y llong yn awr
A'i sgriw yn corddi'r dŵr,

A phob rhyw loyw droell a braich
Yn canu megis côr
Mewn harmoni, a'i gyrru hi
Fel swch i hollti'r môr ;
Ac is y canllaw, megis rhith,
Mordan ac ewyn gwyn
Yn llithro heibio imi'n wyllt.
    —Pa bryd y gwelais hyn
O'r blaen ?—Rhyw lif o ewyn llwyd
Yn rhedeg heibio'n glau,
Nes meddwi'r synnwyr,—a phob lliw
Trwy ganol hwn yn gwau ;
A minnau'n gyrru ymlaen, ymlaen,—
A phwer mawr o'm hôl
Fel grym anorthrech,—a phob nerf
Yn straenio yn fy nghôl ?

Fe ddaeth yr atgof eto'n glir
Megis o'r môr ar lam
—Y dydd y cyrchais dros y lein
Â'r bêl yn Twickenham ;

Heb glywed dim ond rhu y Dorf
    Yn bloeddio'i deublyg nwyd,
Heb weled dim ond lein y gôl,
    A'r llif wynebau llwyd.

Druan o hwnnw sy'n casáu
    Wynebau'r Dyrfa fawr,
Gan dybio bod Barddoniaeth byth
    Yn trigo lle bo'r Wawr
Yn cyffwrdd y pinaclau pell
    Â swyn ei bysedd rhos,
Heb neb i'w gweld ond teithiwr blin
    O unigeddau'r nos.

Druan o hwnnw a wêl gân
    Mewn cae o feillion brith,
Na fyn weld cân mewn tyrfa fawr,
    Na dyfod byth i'w plith.
Druan o hwnnw sydd yn byw
    Ar ramant dyddiau gynt
Y Coliseum, pan fâi'r dorf
    Fel ŷd o flaen y gwynt
Wrth floeddio ar lanciau gwritgoch, noeth,
    O Brydain ac o Gâl,
A'r ceith didaro'n claddu'r gwaed
    Dan dywod â rhaw bâl.

Druan o hwnnw a wêl swyn
    Yn nhyrfa'r oesoedd pell,
Na ŵyr am Dyrfa'i oes ei hun
    A nwyd chwaraeon gwell.
Druan o hwnnw na fu'n un
    O dorf ar flaenau'i thraed
Bron yn gweddïo am lwydd ei dîm,
    Pob gôl yn berwi ei waed,
A phan fo'r coch a gwyn Cymreig
    Yn cario'r bêl i'r maes,
Na ŵyr am don gorfoledd bron
    Pob Cymro a Chymraes.

. . . .

Yn y Pafiliwn Gwisgo 'roedd
    Yr hogiau fel rhai'n chwîl:
O ! diod gadarn ydyw bloedd
    Tyrfa o ddeugain mil.

Chwarddem am ben y lleiaf peth,
  Neu fflachiem ar un gair,
Wrth frysio newid am y gêm,
  A'n twrf fel baldordd ffair.

Pob gloyw gorff fel bwa tyn
  Ar ôl disgyblaeth hir.
Llygad, a nerf, a llaw, a throed,
  Mewn undeb dwyfol glir ;
Iechyd a hoen ar ïau noeth,
  Fel llewych santaidd dân
Yr allor ar bileri gwyn
  Temel yr Ysbryd Glân.

Sefais am ennyd yn y drws
  A lediai tua'r maes,
I weld y dyrfa o ddeugain mil,
  A mwg fel mantell laes
Ysgafnwe drosti, a gemau tân
  Yn fflachio ar hyd hon
Lle taniai rhywun sigaret
  Neu bîb bob eiliad bron.

Tebygwn hwynt i wreichion gwefr·
  Y dyheadau lu
A redai megis trydan byw
  O'r cae i'r seddau fry,
Gwreichion o'r tân fu'n llosgi'n fud
  Yn nyfnder pob rhyw fron,
I dorri allan heddiw'n fflam:
  —Un dydd o'r flwyddyn gron
I ffoi rhag pob gofalon cudd
  A'r gwenwyn sy'n eu sgîl,
A cholli'r hunan trwblus hwn
  Mewn tyrfa o ddeugain mil.

Y dafn o law a syrth i'r môr
  Pa ofid mwy a'i dawr ?
Onid yw'n un â rhythmig nwyf
  Ymchwydd y Fynwes Fawr ?

. . . .

Gwyddwn fod Siencyn yn y Dorf
  Yn rhywle,—Siencyn Puw,
'Rhen ffrind o Donypandy ddu
  A ganai fawl i Dduw

173

Ar ddim ond seithbunt yn y mis,
   A phump neu chwech o blant
I'w magu ar hynny —'Roedd hen nwyd
   Y bêl yng nghalon sant
Wedi ei dynnu i fyny i'r Dre,
   Er bod y cyrddau mawr
Yn Libanus a " hoelion wyth "
   O'r " *North* " yn dod i lawr.

Siencyn, a ddysgodd daclo im
   Pan own i'n Libanus
Yn " stiwdent " ar fy mlwyddyn braw
   Mewn dygn ofn a chwŷs ;
Siencyn, a ddaeth i'm gweld am sgwrs
   A " mwgyn " wedi'r cwrdd,
A gwraig tŷ'r capel bron cael ffit
   Wrth glywed hyrddio'r bwrdd
Tra dysgai Siencyn im pa fodd
   Y taclai yntau gynt,
Cyn i'r Diwygiad fynd â'i fryd
   A'r *asthma* fynd â'i wynt.

Gwyddwn fod Siencyn yn y Dorf,
   A llawer Shoni a Dai,
Er bod cyflogau'n ddigon prin
   A'r fasnach lo ar drai.

'Roedd " Beth sydd imi yn y byd ? "
   Yn brofiad gwir i'r rhain ;
A chanent hi a dyblent hi ;
   A hyfryd oedd y sain
I mi tra safwn yn y drws
   O flaen gorfoledd gwŷr
Oedd heddiw'n un Gymanfa fawr
   Ac nid yn gaethion hur.

O ! Dai, a Shoni, a Siencyn Puw,
   Tyrfa'r cyffredin mud,
Beth pan ddowch chwi i weld mai Cân
   Yw'r grym sy'n siglo'r byd ?
Beth pe bai'r angerdd hwn sy'n awr
   Yng ngwythi deugain mil
Yn fflamio fel y Marseillaise
   O flaen yr hen Bastille ?

Ond dyna bîb y refferi !
　Mae'r Dyrfa ar ei thraed,
Ac er y daran sy'n ei bloedd,
　Nid bloeddio y mae am waed,
Ond bloeddio'i chroeso i'r ddau dîm
　Wrth inni ddod i'r cae,
Rhyw ru ofnadwy megis llew
　Pan ruthra ar ei brae.

Ac fel y dyfroedd a fu 'nghwsg
　Tu hwnt i'r argae mawr
Uwchben Dolgarrog, (a ffrwd wen
　Dros hwnnw'n canu i lawr),
Yn rhwygo'r argae mawr un nos
　A rhuo dros y tir,
Fe rwygodd argae'r Dyrfa'n awr
　—Bloedd fel rhyferthwy hir !

Clywais, ac ofnais wrth y rhu,
　Cans beth os ffaelu a wnawn ?
Wedi cael siawns am gap Cymreig,
　Beth os mai llwfrgi a fawn ?
Pe bai fy nerf o flaen y Dorf
　Yn methu â dal y straen,
A mi'n llwfrhau ac ildio'r bêl
　Wrth weled Joyce o'm blaen ?
Joyce, cefnwr Lloeger, oedd â'i hwrdd
　Fel hwrdd cyhyrog gawr ;
Joyce a dorrodd esgyrn llawer llanc
　O'i fwrw ef i'r llawr.

Am ennyd ofnais—ond daeth llef
　Yn bloeddio f'enw i,
Llef gwŷr y Rhondda uwch y twrf,
　Â balchder yn eu cri.

A chofiais i am Siencyn Puw
　Ac am ei gyngor gynt,
A'i fod e'n gwylied,—ac fe aeth
　Fy ofnau gyda'r gwynt.
Onid oedd yno ffrindiau lu
　I'm helpu'r funud hon ?
Ac fel yr elai'r gêm ymlaen
　Clybûm hwy :—" Dere John !"

A rhyfedd undeb brodyr maeth
　Cydrhwng ein tîm i gyd
A ail-gyneuodd sicrwydd llwydd
　Â fflam ei gadarn hud.

Daeth Ffydd o'r Dorf a Ffydd o'r tîm
   I'm cario ar ei bron,
Megis y dygir nofiwr llesg
   I'r lan ar frig y don.
Ho ! fel yr elai'r gêm ymlaen
   Pwy hidiai friw na chur,
A ninnau'n gweled ar bob llaw
   Fod Cymru'n falch o'i gwŷr ?

A'r ddau dîm, â'u holl nerfau'n dynn
   Megis dwy delyn wynt,
Gyweiriwyd nes bod pob rhyw chwa
   A chwythai ar ei hynt
O blith y dyrfa'n peri i'r rhain
   Ateb i'r llefau ban ;
A " Lloeger ! Lloeger ! " oedd eu cri,
   Neu " Cymru ! Cymru i'r lan ! "

Deng munud cyn yr olaf bib !
   —Y Dyrfa'n ferw mawr,
A'r sgôr yn sefyll rhyngom ni
   Yn wastad eto'n awr.

'Roedd Cymru'n pwyso, pwyso'n drwm,
   Ac eto——O ! paham
Na allem dorri ei hanlwc hir
   Wrth chwarae'n Twickenham ?

Ar hynny dyna'r *scrum* yn troi,
   A dyna'r bêl i Len,
A dyna hi i'm dwylo i,
   A dyna'r byd ar ben :
Dychlamai'r Dyrfa ar bob llaw
   Fel pysgod o fewn rhwyd ;
Ni welwn ddim ond lein y gôl
   A'r llif wynebau llwyd.
Ac megis ton a'i brig yn wyn
   Yn rhedeg ar hyd pîr
Rhedai'r banllefau, ymlaen, ymlaen,
   Yn sîr ar orffwyll sîr.

Clybûm eu ffydd i'm hyrddio ymlaen
   Megis ar frig y don,
A gwŷr y Rhondda uwch y twrf
   Yn bloeddio : " 'Nawr 'te, John ! "

Gwibiai'r wynebau heibio im
Fel gwibio ffilm ar rîl,
A minnau yn ganolbwynt nwyd
Tyrfa o ddeugain mil.
Ac nid oedd dim yn *real* ond
Y bêl oedd yn fy llaw,
A bloedd y Dyrfa oedd o'm cylch,
A'r llinell wen oedd draw.

Clybûm ryw ddyheadau croes
Trwy'r awyr yn nesáu,
Holl ddyheadau Lloegr, o'm blaen
Fel difwlch fur yn cau ;
Neu megis cawod genllysg dost
Yn curo arna' i'n awr.
A phlymiais innau i ganol hon
Gan gadw 'mhen i lawr.

Yn sydyn teimlwn rym o'm hôl
I'm cario ymlaen, ymlaen,
—Grym dyheadau Cymry'r Dorf
A'u nerfau i gyd ar straen.
Rhyw angerdd fel gweddïo oedd,
A'm cipiodd ar ei frig
Dros ben y difwlch fur ar lam
A heibio i'r gwylwyr dig ;
Ymlaen, nes disgyn dros y lein
A'r bêl o tana i'n dynn ;
A chlywed bloedd y deugain mil
Wrth orwedd yno'n syn,
A gwybod ar eu banllef fawr
Ddarfod im sgorio'r trei.
O Fywyd ! dyro eto hyn,
A'r gweddill, ti a'i cei !
Un foment lachar, pan yw clai'n
Anfarwol megis Duw,
Un foment glir, pan fedraf ddweud
" Yn awr bûm innau byw ! "
. . . .

Tyrr Gwawr y Dwyrain dros y llong gan newid lliwiau'r lli,
A gwn yn awr yng ngolau'r Wawr mai Ti sy'n iawn, Tydi
O Grist, a'm dysgodd nad yw'r byd a'i holl wobrwyon maith
Yn ddim i mi wrth ecstasi un foment yn Dy waith.

Yn China caffwyf weld Dy wedd, a gweld bod Tyrfa Fawr
O'm cylch yn Gwmwl Tystion eto'n edrych arna'i lawr.
Boed gweddi'r Dyrfa Lân o'm plaid, a'i Ffydd fel ton o'm hôl ;
Cans nid trwy'i ymdrech ef ei hun y cyrchodd neb y gôl.

I'R DUW NID ADWEINIR

Wrth droi hen femrynau a llychlyd lythyrau,
A llwydaidd ysgrifau o lyfrau di-liw,
Mewn beddgraig yn Athen, cyfodais o'r domen
   Un amlen oedd addien hyd heddiw.

Yn deg y'i goreurwyd. O'r braidd y llychwinwyd
Addurnau a luniwyd, a gadwyd mor gain ;
Cans er ei daearu fe'i seliwyd o'r neilltu
   Rhag llygru, amharu'r inc mirain.

Pan dorrais ei seliau 'r oedd dau o lythyrau
Ynghudd o fewn rholiau,—sef cathlau ; a'u coch
A'u melyn, a'u muchudd mor glir ac mor gelfydd
   Â'r newydd sgrifennydd a fynnoch.

A dyma'r papyri (ac ar ôl ymboeni
Yn hir i'w dehongli, 'r wy'n honni trwy hyn
Ar ddamwain ddarganfod ysgrifau tra hynod,
   Cans pennod o'n Traddod ddaw trwyddyn).

EPISTOL I

Glaucon yr Epicuriad o'i hafod yn Ynys Milo.

At yr Ardderchocaf Bion. *Gras !*

Mae'r heulwen yn dirion ar wyneb yr eigion,
Paradwys y galon yw Milo'n y môr.
Mae'r awel fu'n cywain pêr falmau o'r Dwyrain
   Yn canu arwyrain yr oror.

Mae peraidd winllannoedd o gwr ein dyffrynnoedd
Yn estyn dros ddyfroedd aberoedd y bau
Sy'n llithro i'r glasfor gan ddawnsio fel neithior,
   A'r gwenyn yn sipio'r grawnsypiau.

Daw'r crocus a blodau'r ysgarlad lilïau
O rwndir ein parciau fel fflamau yn fflwch,
Ail Lotus a'i swynion sy'n ymlid pryderon
   Gan ddenu i ddynion ddiddanwch.

Pand doeth y gweithredais pan gyntaf y clywais
Yr ynys arianllais ? Mi genais ' O, gad
Im fyw mewn plas diddos ym meysydd dy geirios,
   Ac aros a throi'n Epicuriad.'

Pa les wna'ch colegau a'u holl ddamcaniaethau,
A'ch cyrddau i ddadlau crefyddau ? A fed
Yr enaid ei wala ohonynt ? Ni choelia
    Dy ffrind na Phamffilia ddim ffoled.

Ond tra byddo'i gwefus mor goch ac mor felys
Â'r mefus, a hanner esgeulus ei gwallt,
A minnau'n ei blethu a'm gwaed yn cyflymu
    Pan elom i garu mewn gorallt,

Mae'r ffilosoffyddion ? Mae'r Stoicaidd athrawon
A dreiddiai gyfrinion ei chalon fach hi ?
I mi pethau diflas yw'ch temlau a'ch dinas,
    A'i bost am berthynas Athînî.

Mae grisiau o farmor yn disgyn i'r glasfor,
O hafod fy Nhrysor i'r cefnfor. Mae cwch
Yng nghlwm wrth y grisiau dan gysgod y cangau
    I'n llithio at Waliau Tawelwch.

A ! Bion drafferthus, clyw air Epicurus :
' Rhyw ynys bleserus yw'r unig beth siŵr,
A ffoi o bryderon y byd a'i ofalon,
    A dyrnod y wendon a'i dwndwr.

' Byw yno heb falais na phangau uchelgais,
O gyrraedd ei drais sy'n rhoi d'arlais ar dân ;
Heb ofni na'r duwiau na Thynged a'i stranciau,
    Na dall greulonderau'r Pendaran ' . . .

Pa beth ydyw'r duwiau ni wyddom yn ddiau.
Mor ofer yw temlau neu ddelwau o Dduw !
Er maint yr addolom, er maint y myfyriom,
    Fy ffrind, beth a wyddom ni heddyw ? . . .

Hir wyliais y blodau mewn perllan afalau
A'r heulwen yn chwarae ar berlau mor bur.
A gwelais hwy'n darfod yn gawod ar gawod,
    Fel eira'n dod isod o asur.

Mi glywais yr eos yng ngosteg yr hwyrnos
Yn canu'n y ceirios, gan aros yn hir
Ar nodyn llesmeiriol o ofid anfeidrol,
    Dirdynnol . . . Ai duw nid adweinir

A fynnai trwy'r ddwysgan a glywais o'r winllan
A thrwy flodau'r berllan roi'i anian i ni ?
—A gwyliais ddifrifwch ar hwyr o dawelwch
    Yn cerdded dros harddwch rhos-erddi

Yr ynys . . . A ffoais at fun yr arianllais,
Ac wylais . . . mud wylais. Ai hyn ydyw ' Duw '?
Ond er a hiraethom, ac er a ddeisyfom,
    Fy ffrind, beth a wyddom ni heddyw ?

Ar fyr dygir ninnau ar alwad yr Angau
I wyllfro'r Cysgodau o liwiau y wlad.
Ond heddiw mae pleser, a serch, a phob mwynder.
    Yf win oni alwer yr alwad.

      *   *   *

Machludodd yr huan ; ond heuwyd ag arian
Y winllan ; a'r lloergan ei hunan sy'n hau.
Anadla pêr sawyr o faes y medelwyr,—
    Aeth rhywun â'i bladur trwy'r blodau.

A phan ddelo'r Diwedd â'i lafn didrugaredd
I'th dorri di i'r llygredd o'n dyrnfedd yn d'ôl,
O, Gyfaill, cwymp dithau dan goron o flodau
    Heb rwgnach am oriau dyn marwol.

O tyred ! Anturia o Athen hyd eitha
'R ynysoedd. Anwesa brydfertha'r holl fyd.
A swyn a guseni, a gwin rhag dy gyni
    O'i deufin a yfi di hefyd.

Na, ffrind, ni ddychwelaf i'r Coleg y gaeaf.
(Yn unig hiraethaf na welaf dy wedd.)
Cans er a gyfartha Cyniciaid y Stoa
    Ni ches ym Mhamffilia ddim ffaeledd.

Ond ust ! Dyna alwad ! Gan lewych gwen leuad
Rhwng blodau'r pomgranad mae 'nghariad ynghudd.
Af innau i'w cheisio i'r cwch lle bu'n hwylio
    A'i lywio dan gangau'r olewydd.

A ! dacw fy meinwen yn nofio mor gymen,
A'm herio â'i chrechwen yn llawen i'r lli.
Mae perlau y wendon a'r lloer a'i theleidion
    Ar ddwyfron oleulon fy lili.

      *   *   *

Ffarwel ! Ond O ! Fion, na chroesit yr eigion !
Paradwys y galon yw Milo'n y môr.
Mae'r awel fu'n cywain pêr falmau o'r Dwyrain
    Yn canu arwyrain yr oror.

Mae eto winllannoedd yn rhai o'n dyffrynnoedd
Ar werth ; ac mae dyfroedd aberoedd y bau
Yn llithro i'r glasfor gan ddawnsio fel neithior,
    Ar gwenyn yn sipio'r grawnsypiau.

EPISTOL II

Bion y Stoic, o Brifysgol Athen.

AT YR ARDDERCHOCAF GLAUCON.

Annerch â'm llaw fy hunan!

Ar ddiwedd yr ysgol a'r ddarlith foesegol,
Darllenais d'epistol o ganmol ar gân,
Ar swyn Ynys Milo, a'r hedd erys yno
    Bwy bynnag a uno ag Anian.

Fy ffrind, beth oedd diben dy yrfa yn Athen
Fel Stoic oedd yn darllen yn llawen os llwm?
Mae Milo yn ddeifiol i'th gred athronyddol.
    O dilyn yn rasol dy Reswm.

Nid nwyd ac nid pleser, na thrachwant ysgeler,
Nid Bacus na Gwener, na'th seler yw sail
Daioni yr enaid wrth addysg y Stoiciaid,
    Ond Rheswm doethgannaid a'th gynnail.

Clyw lais Metaffysig. (Nid blaidd wyt o'r goedwig.)
Doethineb rhag blysig a ffyrnig a ffy.
Pa les moethau afraid y ffôl Epicuriaid
    A gadael i'n henaid newynu?

Fe ddysgaist gan Zeno mai gwell cydymffurfio
Â'r drefn fu'n rhaglunio a ffurfio dy ffawd.
Pa les gwrthryfela a'i rhegi! Un iota
    Ni newid. Na! Dofa dy dafawd.

Corfforol yw pleser, a phoen sydd dros amser;
A'r ddau pan orffenner mor ofer o hyd!
Marwhawn ein teimladau ... Gwaith ofer yw dagrau.
    Ni fedrwn ddydd Angau ddihengyd.

Mae'n wir yr ymboenaf fel tithau na welaf
Mo Zeus er a holaf; ond plygaf i'r Plan.
Os cudd yw i'w ddeiliaid, mae Ef, i ni'r Stoiciaid,
    Yn Fywyd, yn Enaid mewn Anian.

Tyrd adref i Athen lle buost mor drylen.
Gad gaethferch a'i chrechwen am heulwen a hedd
Athroniaeth. O dychwel i geisio'r Duw Anwel,
    A'th fynwes fydd dawel o'r diwedd.

* * *

I Athen daw beunydd ryw estron ymdeithydd,
I sôn am ryw newydd. Ni dderfydd am Dduw!
Daw rhywrai fu'n cywain Cyfriniaeth y Dwyrain
    I'n harwain at Grefydd Anniryw.

Am hynny, ffrind, dychwel. Cod hwyliau i'r awel.
I Milo rho ffarwel a'r gorwel yn gain.
Mae Athen yn gloywi gan newydd oleuni . . .
    Clyw'n awr genadwri o'r Dwyrain :

Wrth dramwy trwy'r farchnad—myfyrwyr yn fagad,
Ni gawsom ŵr crwydrad yn siarad a sôn
Am ffordd o'r dyryswch at Arglwydd pob heddwch,
    A'i fythol ddiddanwch i ddynion ;

Gŵr bychan a brithflew, â threm fel fflam olew,
A'i dafod yn addef mai Iddew oedd o.
Yn feiddgar a thanbaid dadleuai â'r Groegiaid.
    Ond tyrfa ddienaid oedd yno.

' Ha ŵr ! ' meddai Pyrrus yn hanner direidus,
' Yn Areopagus, yn ddilys, dy ddadl
A ennill it ffrindiau o wŷr ein colegau,
    Mwy teilwng o'th ddoniau a'th anadl.'

Dygasom e'n union ar bwys y Panthéon
At ffilosoffyddion—athrawon. A thraith
Rhyfeddaf oedd ganddo. Ni all neb oedd yno
    Anghofio 'i areitheg anghyfiaith.

Draw, draw oddi tano, y bae oedd yn pefrio.
(A wyt ti'n ei gofio pan lathro ei li ?)
Lle trechwyd â gorfloedd y Persiaid a'u lluoedd,
    Lle golchodd y moroedd gamwri.

Acropolis wenfron o'i ôl godai'n union,
A gwyrth y Parthénon yn goron deg wen ;
Ei marmor golofnau a'i phurwyn gynteddau
    Yn hardd fel y duwiau, a dien ;

Pob colofn oleudeg mor lân â thelyneg ;
Pob bwa fel gwaneg uwch gwaneg yn gwau ;
Pob cerfwaith fel miwsig a glowyd mewn cerrig ;
    A'i nen o liwiedig leuadau.

A meddwl di, Glaucon, am un o'r Iddewon
(Nid gŵr o ysgolion ein doethion) yn dod
I ddweud o'r fan yma—ar bwys ein haddolfa,
    Fod crefydd ei dyrfa yn darfod.

Ond fflam argyhoeddiad a hawlia wrandawiad.
Beth petai barbariad yn gennad y Gwir
A'n hymchwil ni'n seithug ?   Dadlennu a orug
    Y pethau dan gaddug a guddir.

            *   *   *

A wyddost ti'r allor o aur ac o fynor,
A roed gan Alastor y cerddor er co
Am syn waredigaeth yng ngwlad ei alltudiaeth
    Pan ydoedd dan alaeth yn wylo ?

Yr allor gyflwynir ' I dduw nid adwe inir ',
—Rhyw dduw o'r arfordir.   Sgrifennir ei fawl
Yn gelfydd ar gylchwy mewn epigram gobrwy
    Am roi ei gynhorthwy mor nerthawl.

Cymerai'r siaradwr hen allor y cantwr
Yn enghraifft o gyflwr y Groegwr a'i gred :
' Chwychwi sydd yn galw am gymorth gan ddelw,
    A rydd duwiau meirw ymwared ?

' Na !   Tystia un allor ganfûm yn eich goror
Fod rhai, fel Alastor y cerddor, mewn cais
Am grefydd aruchel Un Duw sydd yn Anwel.
    A honno'n ddiogel a ddygais.

' Fy Nuw a fu'n gwylio Gwlàd Roeg a'i bendithio
(Er nad oes a'i gwelo), a'n gwylio ni i gyd.
Efô a addolwch yn awr er nas gwelwch.
    Ond pa hyd y poenwch mewn penyd

' Gan ddwys ocheneidio mewn hiraeth amdano,
Ac ofer fyfyrio ?   Datguddio teg wedd
Y Tad yw fy neges trwy ddangos serch mynwes
    Ei Unmab, a'i hanes yn unwedd.' . . .

Ac yna dadlennodd yr Arglwydd a'n carodd.
A Pheidias ni chreodd, ni luniodd â'i law
Un duw sydd mor hawddgar, mor fwyn a maddeugar
    Wrth deulu poen, galar, ac wylaw.

Ar hynny chwanegodd, ' Y Duw Mawr a greodd
Y byd ac a'i trefnodd, ni fynnodd Efe
Eich temlau'n breswylfod, a'r wybren ddiddarfod
    Fel pabell las, barod, bob bore.

' Efô ydyw Ffynnon gwaedoliaeth pawb dynion.
Ac felly Ei feibion yw glewion pob gwlad,
A llygaid y wawrddydd trwy'r hollfyd ni chenfydd
    Derfynau i'w gerydd na'i gariad.' . . .
                *   *   *
Clyw Glaucon, ystyria !   Mae'r gaethferch Pamffilia
O werth i'r duw yma.   A gwylia, neu gwae
Os dryllia dihewyd fireindod ei bywyd
    Fel cenllif â'i ergyd ar argae.

' Mae Barn,' meddai Paulos yr Iddew, ' yn agos.
A rhaid in ymddangos a'n hachos a'n hynt
Ger brawdle Cyfiawnder yr Iôr o'r uchelder . . .'
   Gwae ninnau pan holer ein helynt.

      *   *   *

Hyd yma ei reitheg, ond traethodd ychwaneg
(Ai hanes ai dameg o'i goleg ? Nis gwn.)
Am un elwid Christos,—rhyw ffigur fel Mithros
   O Dduw mewn Mab agos, tebygwn.

A hwn, fe ymddengys, dan Bontius Pilatus
Groeshoeliwyd yn warthus a bregus ar bren
Yn ninas Caersalem ; fel caethwas a gosbem
   Neu leidr a ddinoethem yn Athen.

Ond taerai yr Iddew bach, tanllyd, a brithflew,
Â'r drem fel fflam olew, fod llwydrew y llawr
A'r bedd wedi methu â'i ddal a'i orchfygu ;
   Ddod Christos i fyny o'i fynawr !

A gafodd e gyffur rhag angau a dolur
Na wybu'n hathronwyr, meddylwyr mor ddoeth ?
A gwyd un o'r beddrod ? Mae'r Iddew yn gosod
   Gwŷr Athen yn hynod o annoeth.

Ac yna, fel ynfyd, pregethodd Groes waedlyd,
A ffiaidd,—fod bywyd a gwynfyd trwy'i gwerth !
Ni chlywais yn ddiau am ddim damcaniaethau
   Mor ffôl am ein duwiau, a diwerth.

Ond meddwl di, Glaucon, os gwir ei ystraeon,
Y fath lon newyddion i ddynion a ddaeth :
Y Bedd mor ddiwenwyn â sarff heb ei cholyn,
   A lladd ein mawr elyn, Marwolaeth ;

A'r Duw Nid Adweinir yn Arglwydd a gerir,
Yn Dad a anwylir. Fe genir Ei gân
Mewn byd heb ryfeloedd gan blant yr holl diroedd,
   Yn filoedd a miloedd y'i molan '.

Mi gredaf, fel Paulos, ddod gwawr ar ein hirnos,
Pwy bynnag oedd Christos, mae'n dangos Duw'n Dad.
Ond Rheswm athronydd â'i wyrthiau ni chydfydd,
   —O'i fedydd i'w syn Atgyfodiad.

Ond dychwel di, Glaucon, i'r Coleg yr awron
I helpu ffrind tirion dy galon di gynt.
Gwyntyllai d'athrylith rawn Paulos o'r lledrith
   Gan gywain ei wenith ohonynt.

Prysura hyd Athen am air â'r gŵr trylen.
Tyrd, ymchwel yn llawen at heulwen a hedd
Athroniaeth. O ! dychwel i geisio'r Duw Anwel ;
   A'th fynwes fydd dawel o'r diwedd.

TEIFI

(I'm cyfaill a'm cyd-bysgotwr, Wilbert Lloyd Roberts)

Mae afon sy'n groyw a gloyw a glân,
A balm yn addfwynder a cheinder ei chân.
Pob corbwll fel drych i ddawns cangau'r coed cnau,
Pob rhyd fel pelydrau mewn gwydrau yn gwau;
A'i thonnau, gan lamu yn canu'n un côr
Ym Mae Aberteifi ger miri y môr.

Er dod o Gors Caron, a'i llarpio'n y llaid,
Mae'n llamu i'w glendid,—gweddnewid ar naid.
Ar ôl pasio Llanbed'—a theced ei thŵr—
Pont Henllan sy'n estyn ei darlun i'r dŵr;
Toc Rhaeadr Cenarth sy'n daran drwy'r fro,
Ond rhowch i mi Deifi Llandysul bob tro.

Mae'r llif yno'n ddiog, a'r dolydd yn las,
A'r brithyll, a'r sewin a'r samon yn fras;
A dau o enweirwyr, heb ofal is nen
Yn disgyn i'r afon o Blas Gilfach Wen,
A thoc bydd Coch Bonddu yn llamu'n ei lli'—
Rhowch Deifi Llandysul i Wilbert a mi.

Ar ba sawl blaen llinyn caed sewin yn saig
A'r sêr yn rhoi tro uwchlaw gro Tan-y-graig?
Sawl samon a fachwyd, chwaraewyd i'r rhwyd
Yn 'ffedog Pwll Henri, a'r lli' braidd yn llwyd?
A sawl brithyll ëon fu'n ffustio'n rhy ffôl
A chrych y cyflychwr ar ddŵr Pwll-y-Ddôl?

O'r bore tra thirion hyd hinon brynhawn
Crwydrasom ein deuwedd un duedd, un dawn.
Pysgota tan fangoed a glasgoed y glyn,
A dal i bysgota a'r nos ar y bryn.
A pha sawl cyfrinach cyfeillach a fu
Ar bulpud o greigan ar dorlan Pwll Du?

Fy nghyfaill genweirig, caredig dy ryw,
Faint gawn ni'n dau eto o hafau i fyw?
Os byddi dy hunan wrth bwll Gilfach Wen
Un noson, a chlywed sŵn rîl wrth lein den,
Nac ofna, myfi fydd yn llithro drwy'r gro
O Erddi Paradwys i Deifi am dro.

TEIFI

(To my friend and fellow-angler, Wilbert Lloyd Roberts)

I know of a river that's lovely and clean,
With balm on its banks and with grace in its green.
On its summery pools the hazel-boughs dance;
Like sunbeams in prisms its silver glides glance,
Till it moves as a bride in full majesty
Past Cardigan town to be wed to the sea.

Though it springs from a peat-bog dusky as night
It leaps into freedom, transfigured and bright.
Soon Lampeter gives it both college and school
Till Henllan's fair bridge sees her arch in its pool;
Then Cenarth's wild cataract thunders and roars,
But give me Llandysul—of all Teifi's course.

The stream here is placid, and winding and flat;
Here trout, sewin, salmon, are plenteous and fat.
So two brother-anglers,—both freed from the pen,
Descend to the meadow from Plas Gilfach-wen.
And soon a " Coch Bonddu " shall dance merrily
In the ripples of Teifi for Wilbert and me.

How many wild sewin were hooked in their pride
Where the stars wheel their courses on Tany-y-graig Glide?
How many bold salmon were brought to the net
Where Pwll Henry hangs out its apron all wet?
And how many trout in the Meadow Pool Run
Discovered, too late, what allurements to shun?

From morning's fair promise till late afternoon
We've wandered the banks which wild flowers festoon.
We've fished and we've caught through all tricks of the light,
And, weary, but happy, we've fished half the night.
Oh! many a secret our twin hearts shall lock
Exchanged by Black Pool on its Pulpit of Rock.

Who knows (for I'm nearing my three-score-and-ten),
How many sweet nights we shall fish here again?
Good friend, if alone, while you're filling your creel
You recognise, startled, the whirr of my reel,
Fear not, if I steal to your side as of yore
From Paradise streams to fish Teifi once more.

CYWYDD I GYFARCH UN O FEIBION MÔN

(sef fy nghyd-bysgotwr, Y Dr. R. Rees Prydderch, Cricieth,
Capten Genweirwyr Cymru, ar ei benodi yn Uchel Siryf Arfon).

Y gŵr acw o Gricieth,
Gwron â'i blu'n gywrain bleth;
Canmolaf ben-capten, cawr
A'i wynfyd uwch lli enfawr.
Canmolaf, synnaf at serch
Pereiddia'r Doctor Prydderch
Yn fy ngwahodd, a rhoddi
Hawl oes i lan ei las li.

Ei ffôn ger afon a rydd
Alwad i weld ein gilydd.
Nid cynt, o fyned, y caf
Enweirio Glaslyn araf,
Lle mae'r ëog yn diogi
Cyn rhoi llam cynnar o'r lli,
A glwysliw ddyfroedd Glaslyn
Yn troi i'w lle tua'r llyn.

Nodedig ddiwrnod ydoedd:
Yr haul ar Eryri oedd;
Lluniau haf ar yr afon,
Awel haf trwy liwiau hon;
Alarch yn hwylio Moelwyn
Uwch y lli yn nrych y llyn;
Y Cnicht main ar ei geinaf
Yn nwfr hon dan nwyfre haf;
A'r Wyddfa a'i thŵr addfwyn
Fel rhith uwch lledrith pob llwyn.

Diofal, o ddal neu ddim,
A cheinder heb fachu undim!

Yna dod o fin y dŵr
I'r oed yng Ngherrig Rhwydwr,
Bwthyn hynafol bethau
Yn nawn y dydd i ni'n dau.
Parod y bwrdd i'r pryd bwyd,
Gwledda ar ëog a laddwyd.
Gyda'r bwyd o'r gwydrau bîr
" Iechyd " hefyd a yfir.

Boed hir oes am ei groeso,
Oriau braf i Ddoctor bro,
Oriau addwyn i Brydderch
Ac oes hir i wraig ei serch.

187

Ha, wrda! Coffa caffael
Yn hyn o fyd hawddfyd hael,
—Paradwys wâr ddaearol
Ar fin dŵr afon a dôl.

O rannu ei chyfrinach
Yn ddi-wahardd â'r bardd bach,
Holl wlith fy mendith ym Môn
Fo i yrfa Siryf Arfon.

ABERDARON

When I am old and famous
   With money in my purse
And all my critics silenced,
   For better or for worse.
I'll buy me a lonely cottage,
   And at its door shall be
The rocks of Aberdaron
   And the wild waves of the sea.

When I am old and famous,
   A respected pantaloon,
And my rebel heart lies placid
   At the rising of the moon.
I still may be a poet
   And you still may hope for me
By the rocks of Aberdaron
   And the wild waves of the sea.

When I am old and famous,
   Conforming to the times,
My songs all nicely patterned
   To little tinkling rhymes.
I still may be a poet,
   And you still may hope for me
By the rocks of Aberdaron
   And the wild waves of the sea.

For there I'll stand and listen
   To the stormwind at my door
Until my heart recaptures
   Its rebel song of yore.
And I'll sing again with passion,
   And all my songs shall be
Of the rocks of Aberdaron
   And the wild waves of the sea.

SONED: YR AER OLAF

(Ymson Francis Bulkeley, aer olaf Penmynydd, Môn, o flaen
darluniau ei hynafiaid cyn cymryd ei einioes ei hun yn 1714)

Bu un ohonoch, fy hynafiaid i,
Yn Uchel Ddistain llys Llywelyn Fawr,
Ednyfed Fychan, eang iawn dy fri
A'th stad, ein cyndad doeth â'r lwynau cawr.
A'r brodyr Rhys a Gwilym o'r ddewr gainc,
Aethoch fel fflam trwy Gonwy yn nydd Glyndŵr
Eich cefnder, a bu wiw gan Gatrin Ffrainc
Dy gymryd, dithau, Owain lew, yn ŵr.
Ond gwae fyfi, aer olaf yr hen dras
A droes Benmynydd gynt yn gywydd mawl,
Fy unig orchest rhifflo'ch tir a'ch plas
Ar gardiau hap. Heno wrth fynd i'r diawl
Heb ffyrling, fy hynafiaid dig, mi wn
Y dirmyg sy'n eich llygaid.   Ple mae'r gwn?

Y CADFRIDOG ANGAU

(Trosiad o gân enwog Koutozov ar gerddoriaeth Moussorgsky)

Terfysga'r frwydyr,—llafnau'n fflachio,
  Rhu'r megnyl fel bwystfilod croch;
Gweryra'r meirch, carlama'r gatrawd,
  A llifa'r afon wen yn goch.

Trwy'r wawrddydd danbaid pery'r lladdfa,
  Ar awr y machlud ni phaid y drin,
Mae'r golau'n pallu, ond heb ildio
  Y gelyn saif ar ffyrnig ffin.

Disgyn y nos ar gelaneddau,
  A than ei llen enciliant oll.
Tawel yw, ond drwy'r t'wyllwch
  Gwrando gri'r clwyfedig, cri'r rhai coll.

Gwêl draw, lle disgyn golau'r lleuad,
  —Yn hy ar gefn ei geffyl bras
Dynesa marchog llwyd a gwaedlyd
  —Yr Angau Glas!

Draw, dan y lloer, mae'n gwrando'u llesg wylofain
  Gan wylied erchyll faes ei brae;
Merchyg fel rhyw Gadfridog Concweriol,
  Merchyg dros faes eu dewrder, maes eu gwae.

Mae'n dringo bryncyn, tremio yno
  Ar fyw a marw, sarrug guchio;
A lle bu berw'r maes cyflafan
  Clyw mor chwyrn ei waedd yw ef:
" Pen ar y gad! a'r Buddugwr wyf fi!
  Ryfelwyr oll, rhaid ich ildio i'm llef.

" Chwi fu elynion, gwnaf chwi'n gyfeillion,
  Yn awr atebwch rôl Angau yn hy,
Caewch bob rheng, gorymdeithiwch oll heibio;
  Cyn toriad gwawr mynnaf drefnu fy llu.

" Filwyr, eich cyrff gaiff hir gwsg ym mron daear,
  Melys yw'r trymgwsg sy'n dilyn pob cad.
Treigla'r blynyddoedd di-gyfrif, di-hidio,
  Ni chofia'r byd beth oedd cweryl eich gwlad.

" Angau yn unig a gofia'ch gwrhydri,
  Cadwaf eich coffa fan hyn ar bob pryd,
Dof dros eich rhychau gwael, dof bob nos loergan,
  Mathraf y pridd fel bo'ch esgyrn yn glyd,
  Mathraf mor dynn fel na chodwch ynghyd,
  Ni chewch byth eto ddychwelyd i'r byd."

A PARABLE

Think on this parable—In Samarkand
Once reigned a young and lovely queen; the land
Prospered beneath her rule, for she was wise
As well as beautiful; and merchandise
From distant countries flowed into her marts.
And ever she rejoiced her people's hearts,
And suitor princes came from many a town
To seek her beauty and to share her crown.

Their caravans streamed in through every gate.
They brought her gifts befitting her estate;
They brought her golden apples and red wine,
They brought her diamonds sparkling from the mine,
They brought a throne embossed with peacocks' tails,
Bokhara carpets, perfume, silken bales,
And tapestry and clockwork nightingales.

And some were warrior-princes, proud and bold,
Whose camel-trappings flashed with looted gold,
But most were crafty hucksters in disguise
Who'ld barter for her crown. The queen was wise;
She smiled, but gave to none her royal hand,
This beautiful young queen of Samarkand.

A white-haired minstrel sat without her gate
Because he worshipped Beauty. He would wait
Each day to see her pass to the bazaar,
Her beauty radiant as the morning star.
And in her garden he would wait each night
Till from her chamber-window shone a light.
Then would he touch his lute and softly sing:
" If you were beggar-maid or I were king ".

For all that he was poor, he brought her gifts
—The rich red wine of sympathy, that lifts
All cares of state, music to match her mood,
An eye that saw, a heart that understood,
And faith, than which no jewel brighter gleams,
And storied carpets woven from his dreams.

She used to listen from her room above.
And then one night the minstrel sang of love
Beneath the moon. She flung the casement wide
And leaning on the jasmine softly sighed.
Then with a queenly gesture she threw down
Into the minstrel's lap her jewelled crown,
Who marvelled more than any in the land
To find himself a king in Samarkand.

191

BALED 1919

(I'w chanu ar yr hen dôn jingo " When Johnnie comes marching
home again, Hurrah!")

Ar blatfform stesion Penmaenmawr,
   Hwrê! Hwrê!
Ar blatfform stesion Penmaenmawr,
   Hwrê! Hwrê!
Ar blatfform stesion Penmaenmawr,
Gwraig ifanc a'i dagrau'n treiglo i lawr
Wrth dderbyn ei gŵr o'r rhyfel mawr:
   O Now! 'D own i ddim yn dy 'nabod.

Gyda'r drwm a'r gwn, a'r gwn a'r drwm,
   Hwrê! Hwrê!
Gyda'r drwm a'r gwn, a'r gwn a'r drwm,
   Hwrê! Hwrê!
Gyda'r drwm a'r gwn, a'r gwn a'r drwm
Y'th welais di'n martsio i lawr y cwm.
Mae du wisg a'th wedd di'n awr mor llwm,
   O Now! 'D own i ddim yn dy 'nabod.

Pa le mae dy lygaid fu gynt mor llon?
   Hwrê! Hwrê!
Pa le mae dy lygaid fu gynt mor llon?
   Hwrê! Hwrê!
Pa le mae dy lygaid fu gynt mor llon
Yn dawnsio fy nghalon fach o'm bron?
Paham erioed y cefnaist ar hon?
   O Now! 'D own i ddim yn dy 'nabod.

Gyda'r drwm a'r gwn, a'r gwn a'r drwm
   Hwrê! Hwrê!
Gyda'r drwm a'r gwn, a'r gwn a'r drwm
   Hwrê! Hwrê!
Gyda'r drwm a'r gwn, a'r gwn a'r drwm
Y'th welais di'n martsio i lawr y cwm,
A'r cyfan a gest ti oedd medal blwm.
   O Now! 'D own i ddim yn dy 'nabod.

Pa le mae dy fraich fu'n hollti'r graig?
   Hwrê! Hwrê!
Pa le mae dy fraich fu'n hollti'r graig?
   Hwrê! Hwrê!
Pa le mae dy fraich fu'n hollti'r graig
A'i throi hi'n fara i'th blant a'th wraig,
A'th sets mor sgwâr â riwl un sglaig?
   O Now! ' Down i ddim yn dy ' nabod.

Gyda'r drwm a'r gwn, a'r gwn a'r drwm
    Hwrê! Hwrê!
Gyda'r drwm a'r gwn, a'r gwn a'r drwm
    Hwrê! Hwrê!
Gyda'r drwm a'r gwn, a'r gwn a'r drwm
Y'th welais di'n martsio i lawr y cwm,
Mae dy lawes dde di'n wag a llwm,
    O Now! 'D own i ddim yn dy 'nabod.

" Er hyn mae'n well gen i weld fy llanc,
    Hwrê! Hwrê!
Er hyn mae'n well gen i weld fy llanc
    Hwrê! Hwrê!
Er hyn mae'n well gen i weld fy llanc
Na mil o bunnau yn saff yn y banc,
Mi edrycha' i ar dy ôl hyd dranc,
    Ond Now! 'D own i ddim yn dy 'nabod."

Gyda'r drwm a'r gwn, a'r gwn a'r drwm
    Hwrê! Hwrê!
Gyda'r drwm a'r gwn, a'r gwn a'r drwm
    Hwrê! Hwrê!
Gyda'r drwm a'r gwn, a'r gwn a'r drwm
Y'th welais di'n martsio i lawr y cwm
Mae fy serch o hyd wrth fy llanc ynghlwm,
    Ond Now! 'D own i ddim yn dy 'nabod.

BALED SYR PATRICK SPENS

(Baled Fôr hynaf yr Alban)   Trosiad a thalfyriad

'Roedd y Brenin yn Dunffermlin dref
  Yn yfed ei ruddgoch win,
" O p'le caf fi gapten medrus a dewr
  I hwylio llong dros y ffin ?"

Atebodd rhyw hen farchog
  A safai wrth ei ddôr
" Syr Patrick Spens yw'r gorau gŵr
  A'r dewraf sy'n hwylio'r môr."

Sgrifennodd y Brenin lythyr
  A'i selio ei hun a wnaeth,
A'i anfon ar Syr Patrick Spens
  A rodiai ar y traeth.

A'r llinell gyntaf ddarllenodd o
  Fe chwarddodd yn groch a rhydd,
Ond pan ddaeth i'r ail linell
  Yr oedd deigryn ar ei rudd.

" O pwy a wnaeth y fath dro â hyn
  —Sôn am fy enw i
I'm hanfon allan ar aeaf certh—
  Mor bell, mor bell dros y lli ?

" Bwytewch ac yfwch heno, fy nghriw;
  O'r cyfle gwnewch yn fawr;
Chwythed hi'n wlyb, neu chwythed hi'n sych,
  Fe hwyliwn gyda'r wawr.

" I Norwy bell, i Norwy bell
  I'w phriodi ymhell dros y don,
Fe â merch ein Brenin i Norwy bell
  A nyni raid fynd â hon."

Cyfodwyd hwyl â phwt o gân
  O'r Alban fore Llun;
A bore Mercher 'roedd y llong
  Yn Norwy bell ei hun.

Ni fuont hwy yn Norwy bell
  Ond mis neu ddau neu dri,
Nad oedd arglwyddi Norwy i gyd,
  Yn edliw'n sur eu cri:

" Arglwyddi'r Alban, tlodi a wnewch
    Dwysoges hael ein gwlad ".
" Celwydd i'ch dannedd! Gwaddol aur
    A gawsoch gan ei thad."

" Adref â ni! medd Syr Patrick Spens,
    " Yn ôl i'r llong, fy ngŵyr!
Mi hwyliwn i'r Alban yn ddi oed
    Cyn goddef sen mor sur."

" Arhoswch ddydd neu ddau yn hwy ",
    Meddai un hen forwr dwys,
" Neithiwr mi welais y newydd loer
    A'r hen loer ar ei phwys.

" Os hwyliwn heddiw, Gapten mwyn,
    'Rwy'n ofni tywydd mawr."
" Fe hwyliwn," medd Syr Patrick Spens,
    " Fe hwyliwn cyn pen awr!"

Nid aethant ond naw milltir fer,
    Naw milltir fer, o dir,
Nad oedd y gwynt yn rhuo'n groch
    A'r môr yn berwi'n hir.

Torrodd yr angor a'r hwylbren top,
    Yr oedd y storm mor gerth;
Bylchodd y tonnau ystlys y llong
    Fel cryman yn bylchu perth.

" Ple caf fi longwr dewr yn awr
    I gymryd y llyw o'm llaw
Tra dringwyf innau i ben y mast
    I edrych am dir fan draw?"

" Wel, dyma fi, fy Nghapten dewr,
    I gymryd y llyw, yn wir,
Tra dringoch chwithau i ben y mast
    —Ond welwch-chi byth mo'r tir."

" Estynnwch fwndel o'r sidan main
    A rhwymwch o'n dynn â rhaff
I lanw'r bwlch yn ystlys ein llong
    A'i gwneud hi eto'n saff."

Estynnwyd bwndel o'r sidan main
    A rhaff i'w rwymo'n siŵr,
A llanwyd ystlys friw eu llong;
    Ond i mewn y rhuthrai'r dŵr.

195

Ac er i'r Alban wylio'n hir
   Am y llong a'i llwybyr llaeth,
Ni welant byth mo Patrick Spens
   Yn hwylio tua'r traeth.

Hir, hir y disgwyl gwragedd y llys
   Am eu harglwyddi hwy,
I'w derbyn yn ôl o Norwy bell,
   Ond ni ddychwelant mwy.

O dwfn yw môr Bae Aberdôr
   Deg gwryd yno a gaed,
Ac yno yr huna Patrick Spens
   A'n harglwyddi wrth ei draed.

BALED MARI HAMILTON

(Un o bedair llawforwyn Mari, Brenhines y Scotiaid, a ddien-
yddiwyd trwy eiddigedd ei brenhines. Talfyriad ac efelychiad o'r
hen ganu Albanaidd traddodiadol)

Mari Hamilton a aeth i'r llan
  A'r rhosyn ar ei grudd;
Fe syllai'r Brenin arni'n fwy
  Nag a wnâi ar Groes y Ffydd.

Mari Hamilton a aeth i'r llan
  A'i llais oedd bêr a glân;
Gwrandawai'r Brenin ar ei llais
  Yn fwy na'r Salmau Cân.

Mari Hamilton a aeth i'r llan,
  —Gŵn coch o'r harddaf llun;
Meddyliai'r Brenin ohoni fwy
  Na'i Fari falch ei hun.

. . . .

" Rhwygwch fy ngŵn o felfed coch,
  Ond gedwch i mi fy mhais,"
Llefai Mari Hamilton uwch y dorf
  Â'r dagrau yn ei llais.

" Pedair Mari'n gweini ddoe
  Ar ein brenhines ni,
Mari Seton, a Mari Beton,
  A Mari Carmichael, a mi.

" Sawl gwaith, sawl gwaith â rhuban aur
  Y rhwymais wallt ei phen?
A'r unig wobor ganddi fu
  Fy nghrogi fry ar y pren.

" Pedair llawforwyn ganddi ddoe,
  Ond heddiw dim ond tair.
Be' dâl, ar risiau'r crocbren du,
  Be' dâl brenhinol air?

" O hapus, hapus rhan y ferch
  Sy'n rhydd o degwch gwedd.
Eiddigedd gwraig o'm gruddiau rhos
  A dorrodd fy nghynnar fedd.

" Chwi forwyr draw ar gyrrau'r dorf,
    Pan hwyliwch i'm bro dros y lli,
Na ddwedwch wrth fy nhad a'm mam
    Pa ddiwedd a ddaeth i mi.

" Ychydig a feddylient hwy,
    Wrth fy magu'n faban gwan,
Oherwydd Brenhines eiddig, falch
    Mai crogi a ddôi i'm rhan.

" Pedair Mari'n gweini ddoe
    Ar ein Brenhines ni,
Mari Seton, a Mari Beton,
    A Mari Carmichael, a mi."

BALED CASTELLMARCH

Os gwyddoch-chi beth yw cudd ofid,
  Gwrandewch ar fy stori, bob un,
Am ŵr mawr a drigai ers talwm
  Ym Mhlas Castéllmarch yn Llŷn.

'Roedd ganddo diroedd toreithiog
  A chant o daeogion i'w trin,
A byrddau yn sigo tan seigiau,
  A llestri o aur yn llawn gwin.

'Roedd ganddo drysorau a gemau,
  A llongau ym Mae Aber Soch,
Ceffylau, a defaid, a gwartheg,
  A chenfaint bur enwog o foch.

Ei enw oedd March Amheirchion;
  Ond er balchder ei gyfoeth a'i dras,
O dan ei firi a'i fawredd,
  Yr oedd gofid cudd yn ei blas.

Yr oedd gofid cudd tan ei benwisg
  Am ei ddilyn o'i febyd i'w fedd,
Gofid tan ei helm mewn rhyfel,
  Gofid tan ei gwcwll mewn hedd.

Pan farchogai drwy'r coed gyda'i ffrindiau
  A'i gŵn ar drywydd yr hydd,
Yng nghyffro carlamiad yr helfa
  Nid ysgytid gofid mor gudd.

Pan eisteddai fin hwyr yn ei neuadd
  Ym mawl telynorion a'u parch,
Ni allai anghofio mo'r gofid cudd—
  Yr oedd clustiau ceffyl gan Farch!

Ni wyddai neb ond ei farbwr,
  A hwnnw tan lw, fel tan len,
Na thraethai'r gyfrinach wrth undyn byw
  Tan benyd colli ei ben.

Oer arswyd a lethai'r hen farbwr
  Rhag dwyn ar ei arglwydd fawr sen,
Arswydai rhag llithrad diofal un gair,
  Ac arswydai rhag colli ei ben.

Arswydai mor ddyfal nes curio
Yn llipryn bach, tenau a llwyd;
Ni fynnai gwmpeini'i gyd-weision,
Ni fynnai na'i ddiod na'i fwyd.

O'r diwedd dihangodd o'r neuadd
At lan Afon Soch ar ei hynt,
A rhannu'r arswydus gyfrinach
Â'r llafrwyn a siglai'n y gwynt.

Ar ôl iddo'i dweud wrth y llafrwyn
Fe deimlai'n ysgafnach ei fron,
Er nad oedd undyn a glywsai'r gair
Ond y gwynt, a'r llafrwyn, a'r don.

Trannoeth 'roedd gwledd yng Nghastéllmarch
A phwrs i'r gorau ei glod,
A thraw i Wlad Llŷn o Lys Maelgwn ei hun
Daeth pibydd er ennill y god.

Ar lan Afon Soch ar ei siwrnai
Eisteddodd y pibydd am hoe,
A gwrando cri'r gwynt rhwng y llafrwyn tal
A fu'n gwrando'r hen farbwr ddoe.

" Ni welais erioed ", ebe'r pibydd,
" Ddim llafrwyn mor braff nac mor hardd;
Mi dorraf im bibau newydd o'r rhain
A chael gwobor pen-pibydd a bardd ".

Ond gwae, pan gyrhaeddodd Gastéllmarch
A thynnu pib newydd o'i god
Yn neuadd y wledd a'r cystadlu,
Yn lle rhoddi pennill o glod

Ni chanai mo'r bib wrth ei wefus
Un nodyn o foliant na pharch,
Ond chwiban yn uchel hyd nenbren y plas:
Mae clustiau ceffyl gan Farch!

Dyna gleddau noeth March Amheirchion
Yn fflachio o'r uchel fainc;
" Trugaredd ", erfyniai'r pibydd mewn braw,
" Nid fi a ddewisodd y gainc.

" Ni ddatgan eich llafrwyn ddim arall;
Rhowch brawf ar fy mhibau eich hun!"
Ac fe wnaeth, a lledaenwyd cyfrinach y rhain
Yn groch trwy bob cwmwd yn Llŷn.

A March a faddeuodd i'r pibydd,
  Ac yn araf dinoethodd ei ben;
Nid oedd neb am wawdio ei glustiau!
  Nid oedd neb am roi iddo sen!

Ac os ewch-chi i Gastéllmarch heddiw
  Mae tri phen ceffyl mewn parch
Uwch y porth, er clod i'r pen-pibydd
  A roes derfyn ar ofid March.